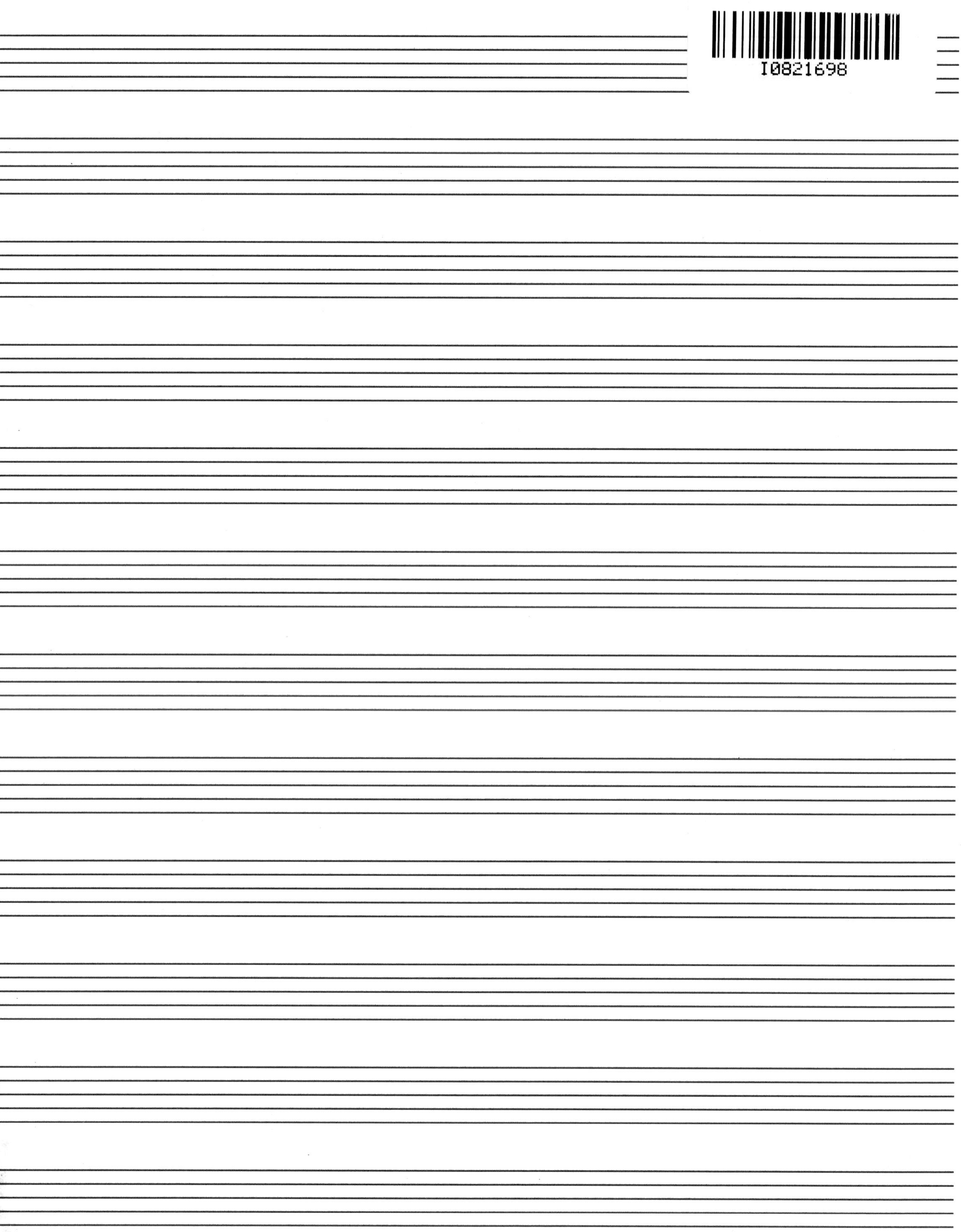

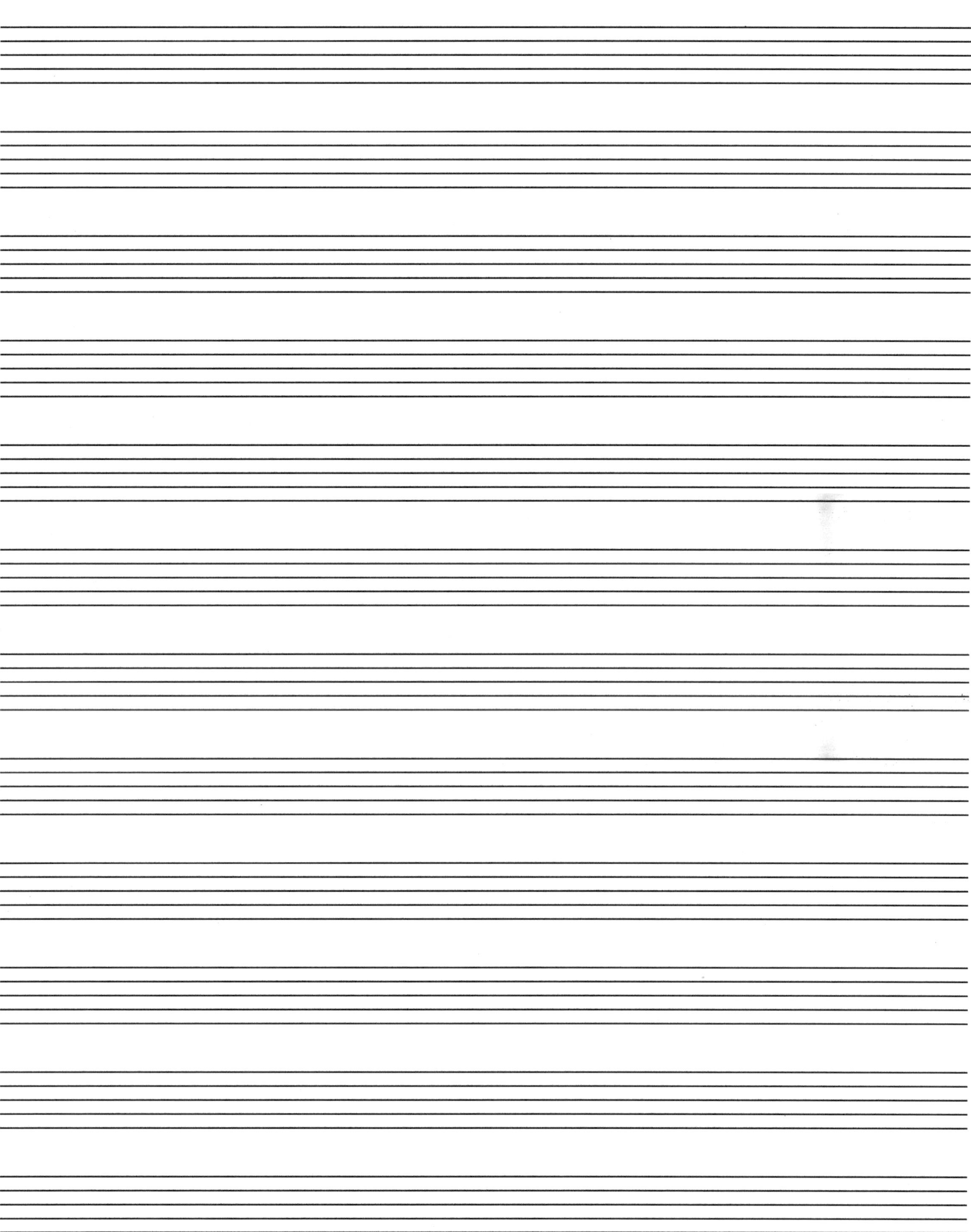

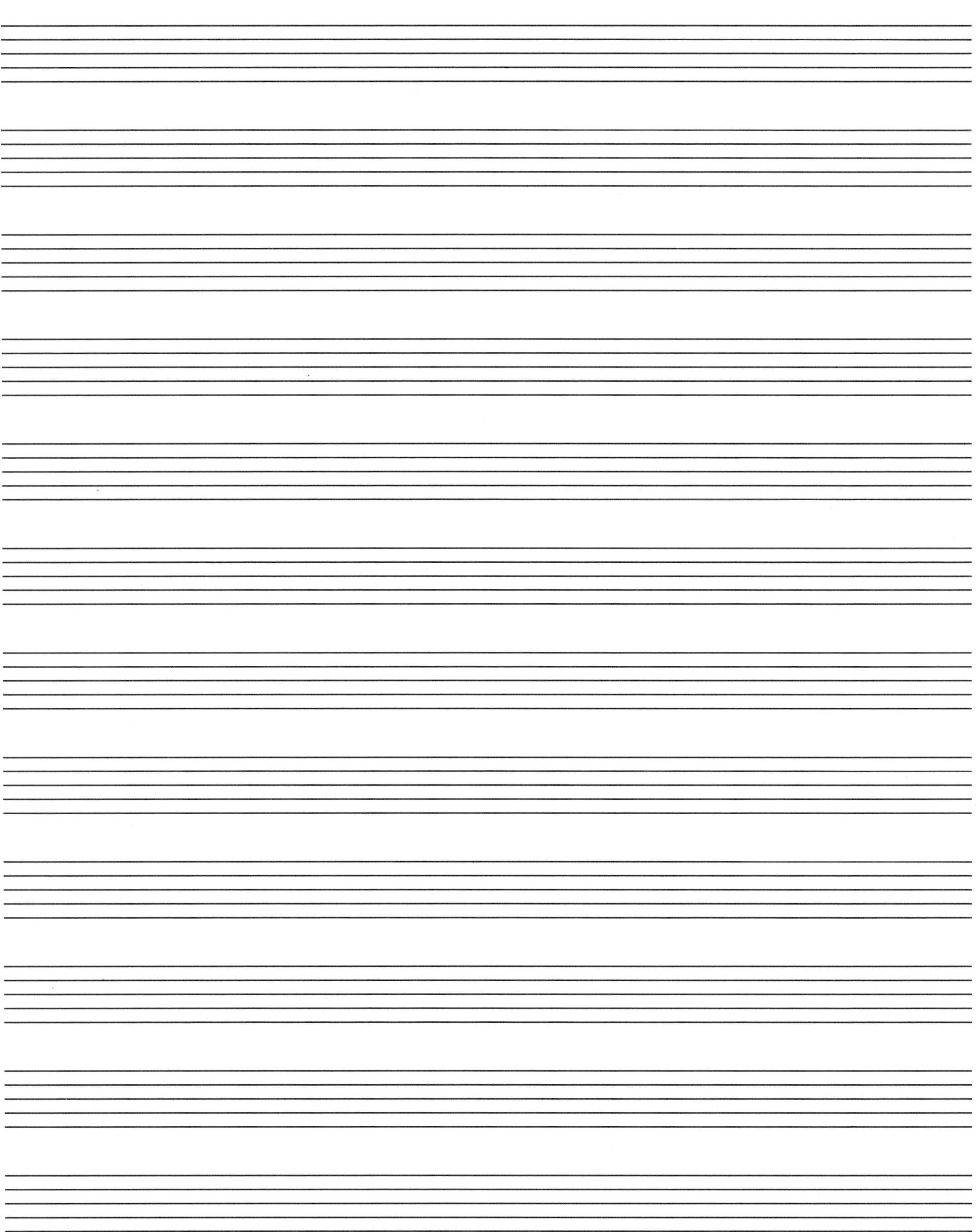

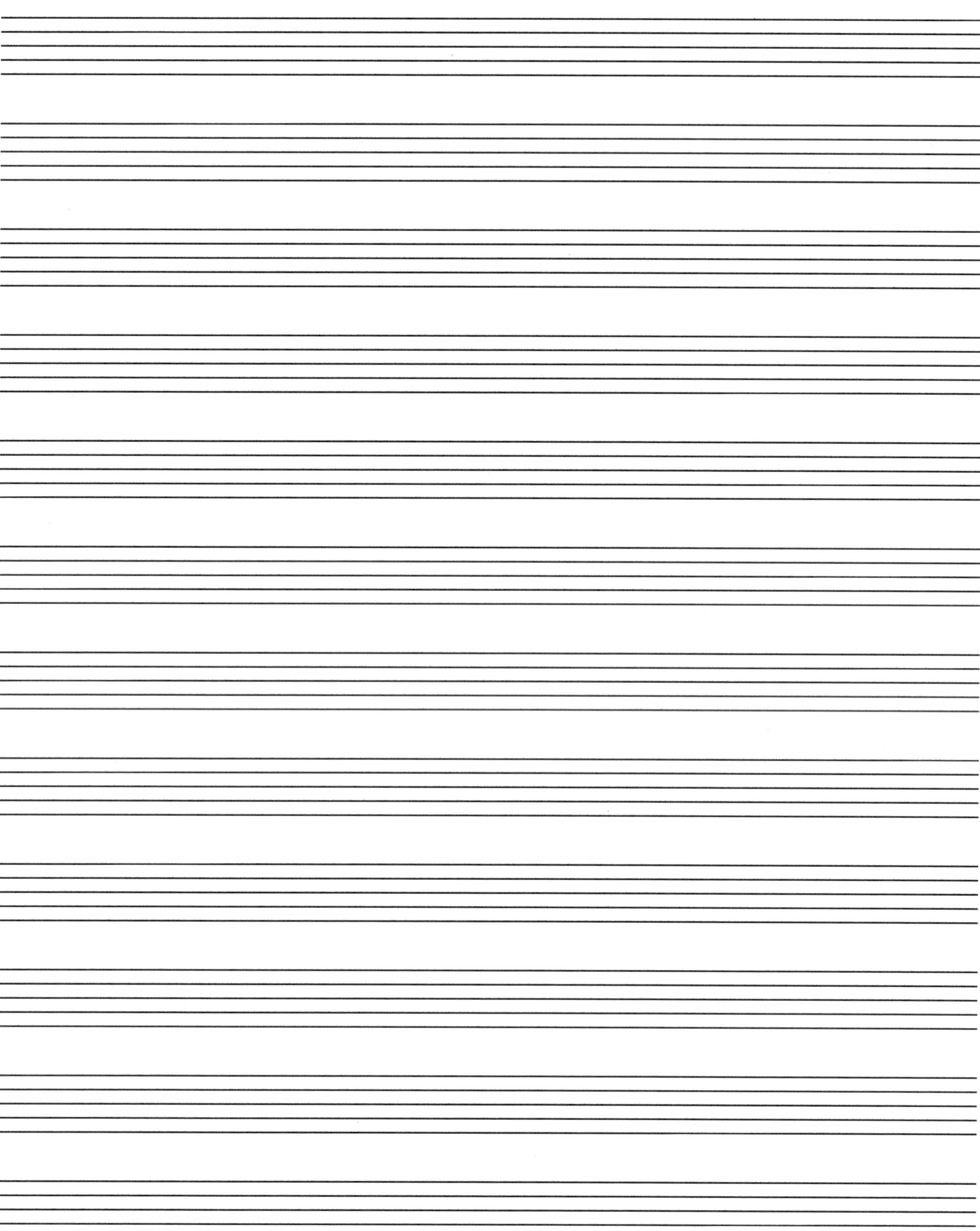

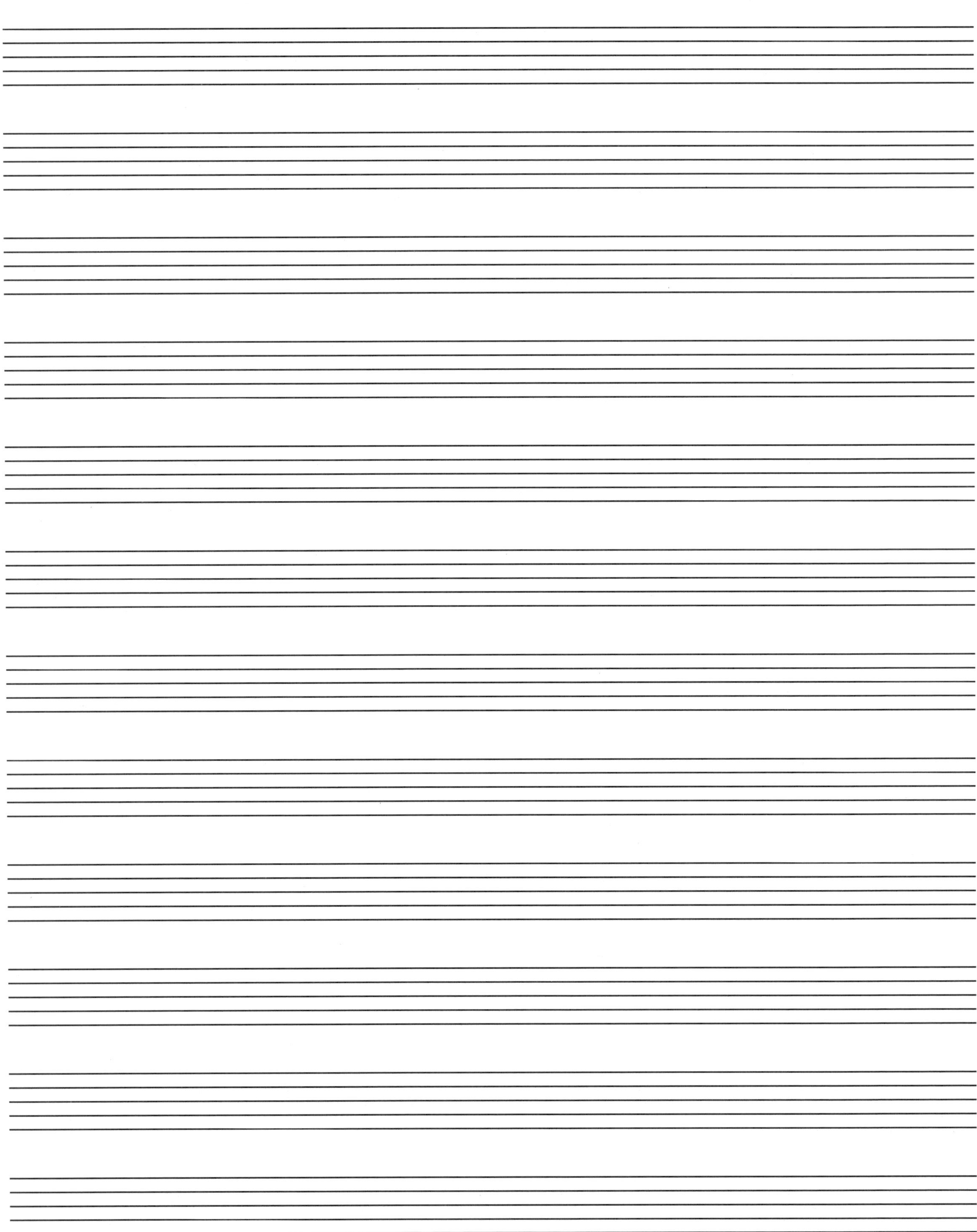

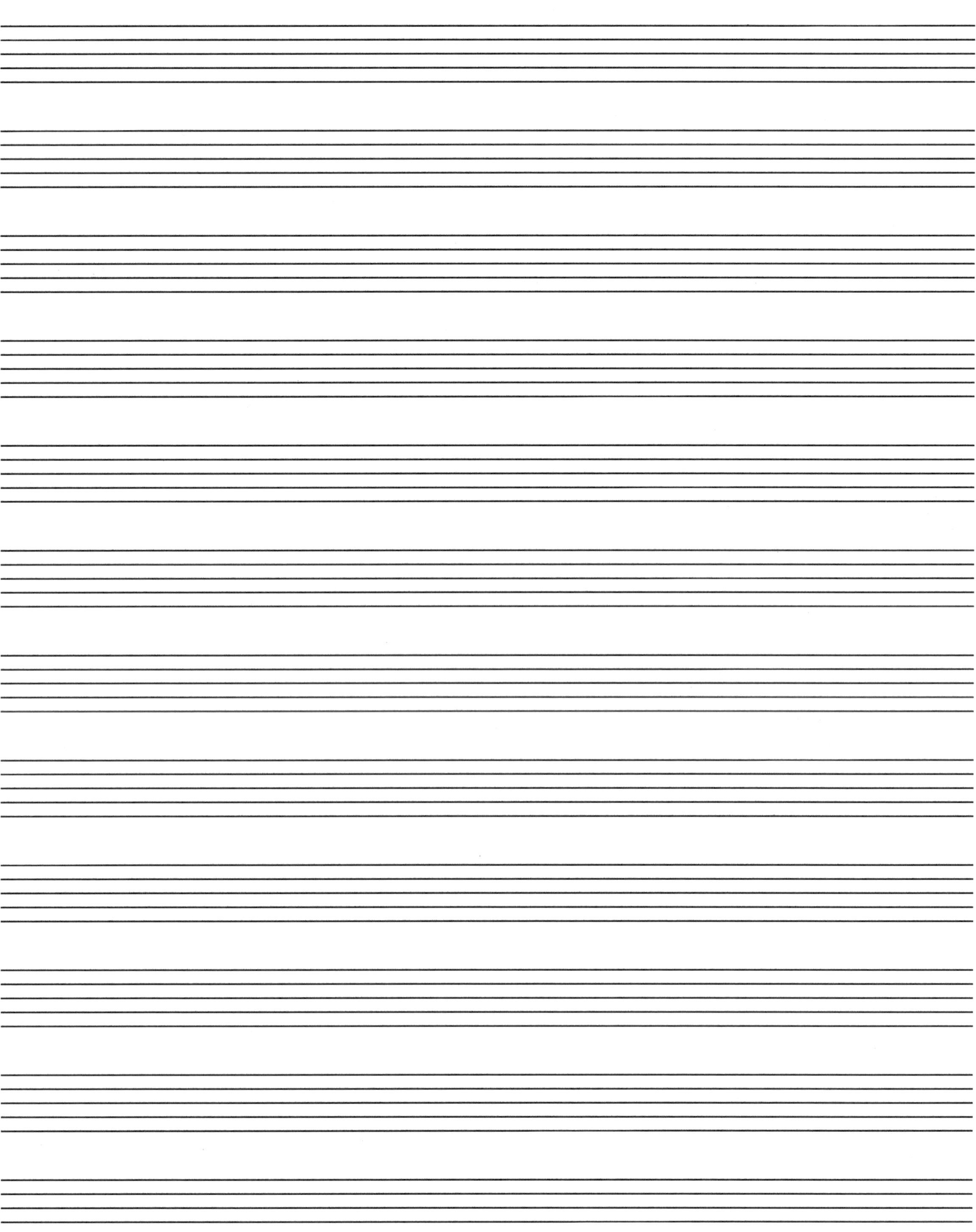

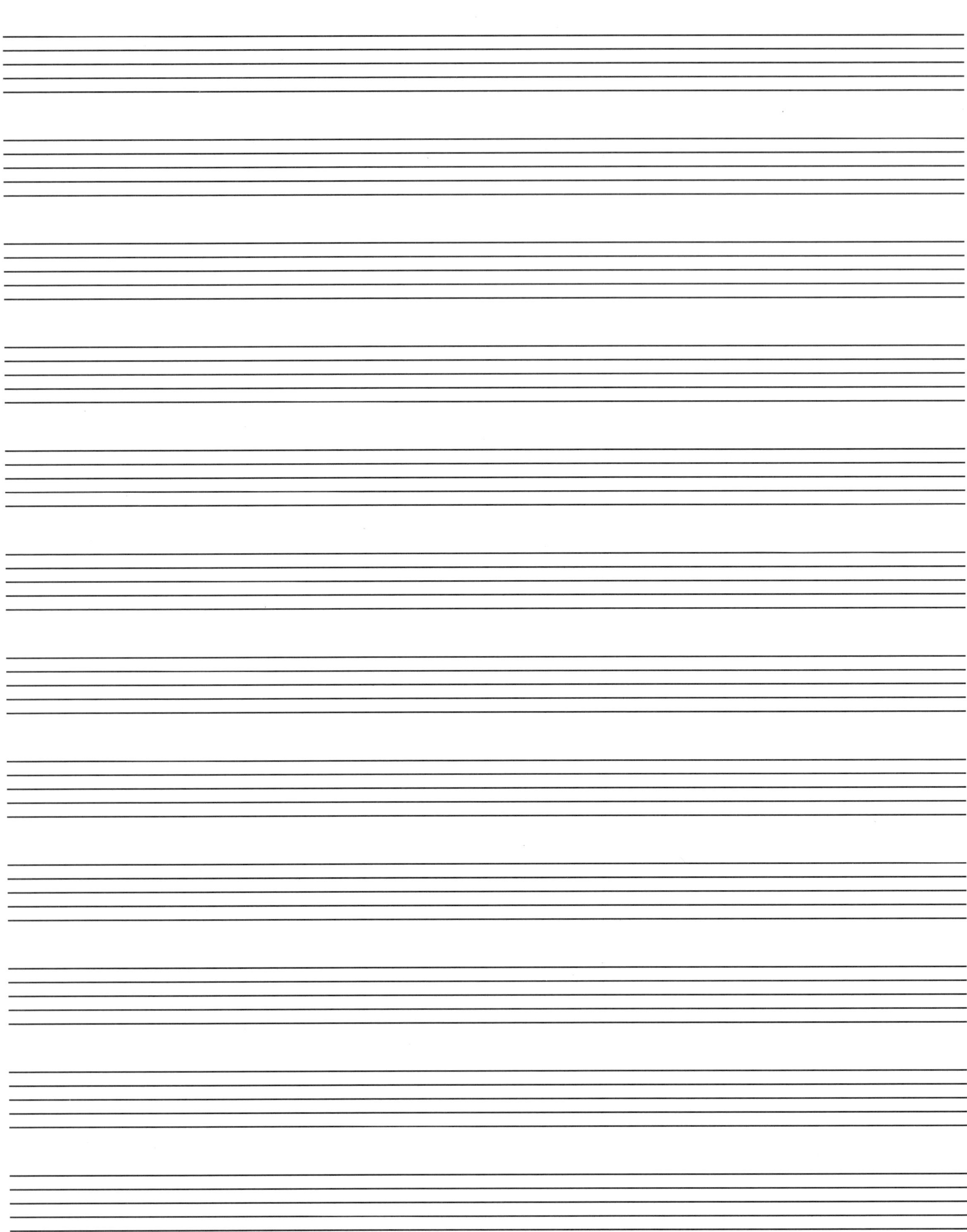

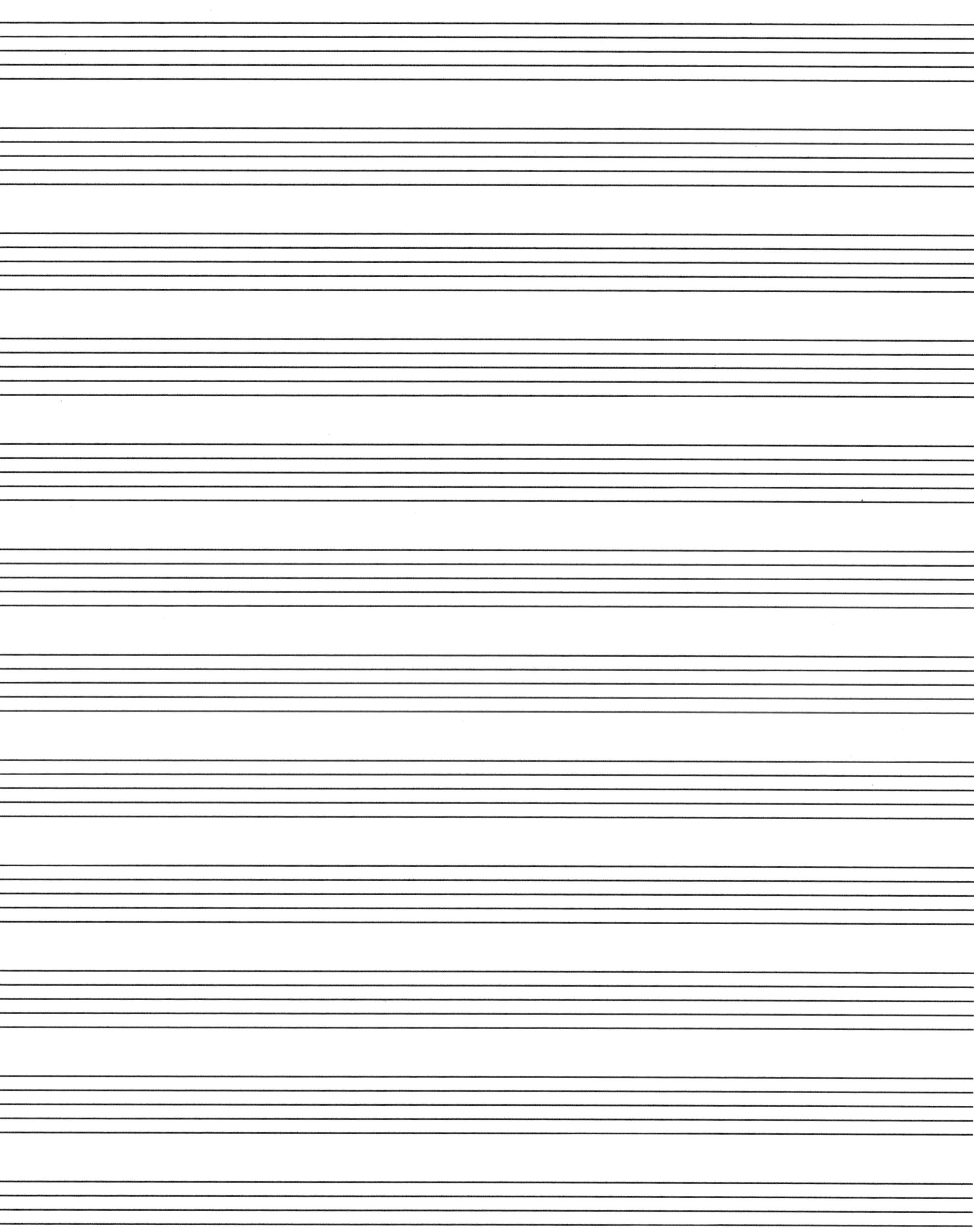

HL00210003

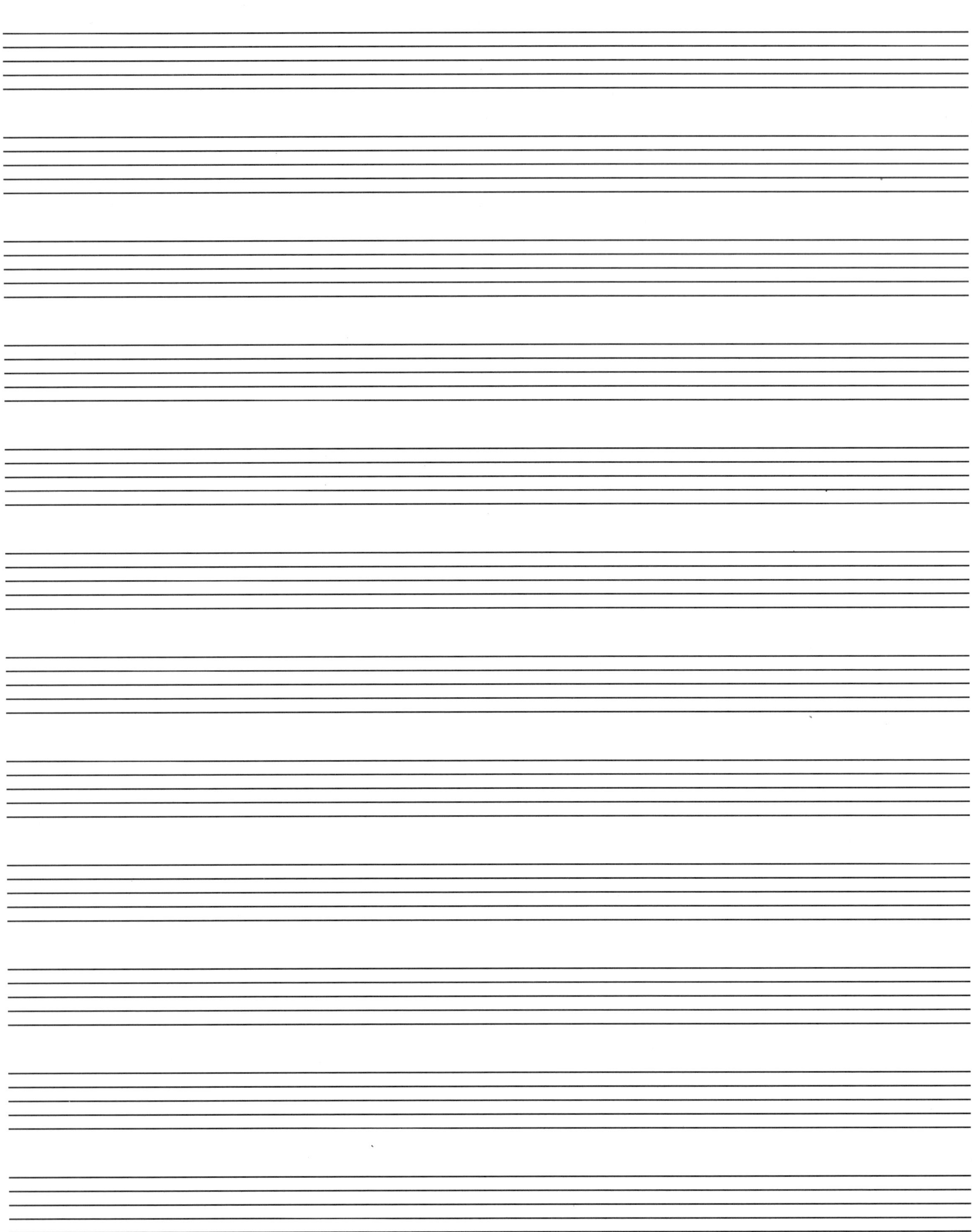

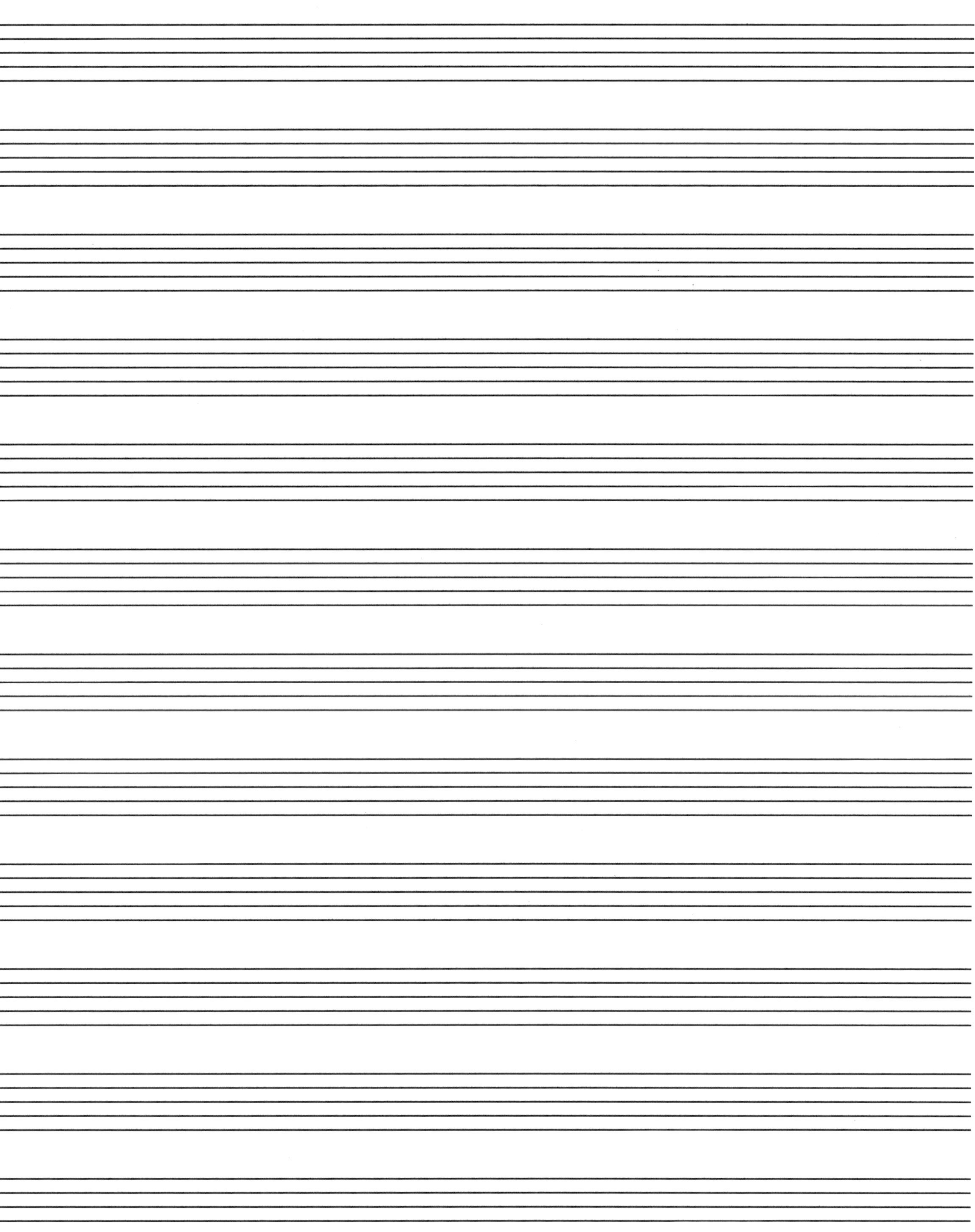

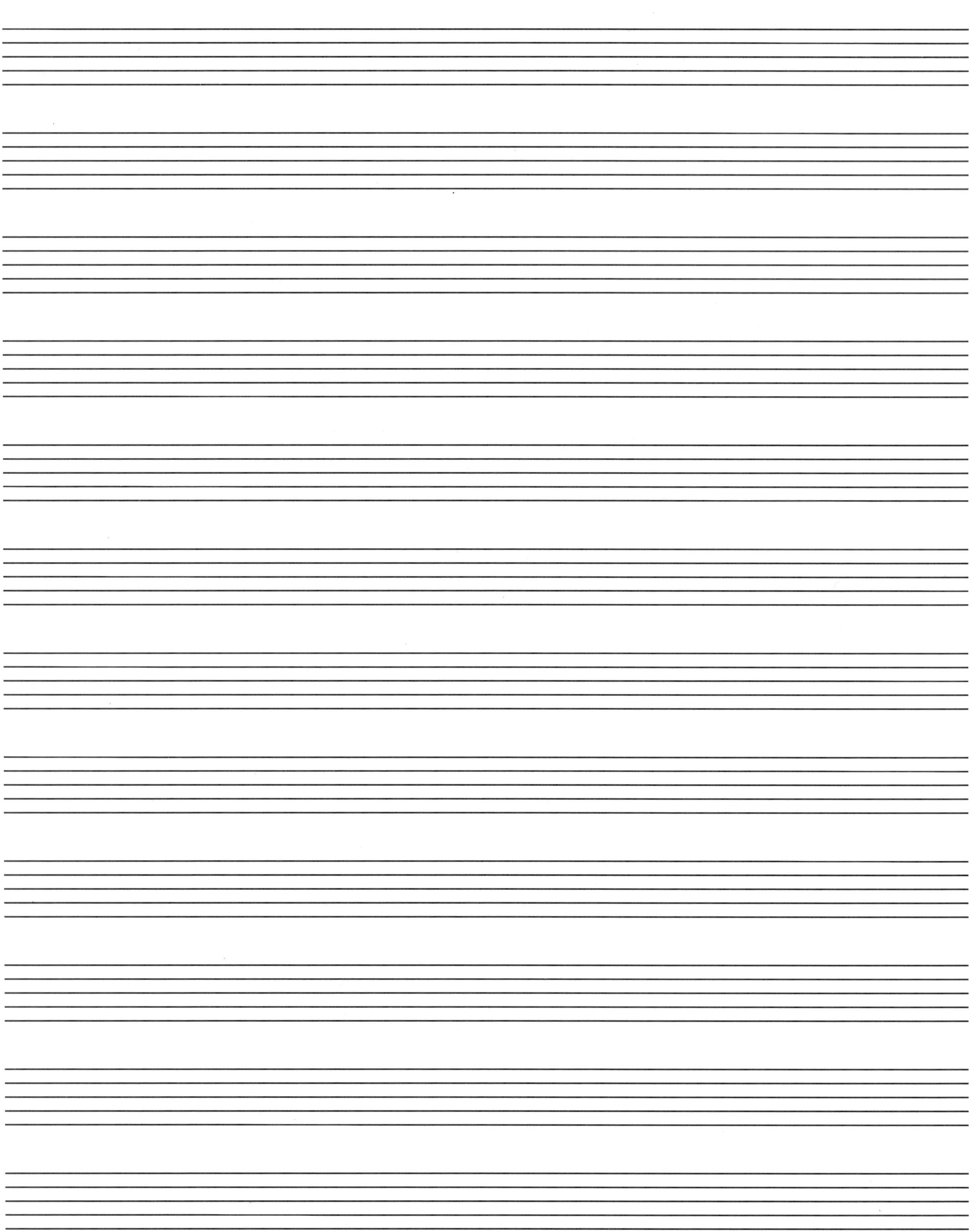

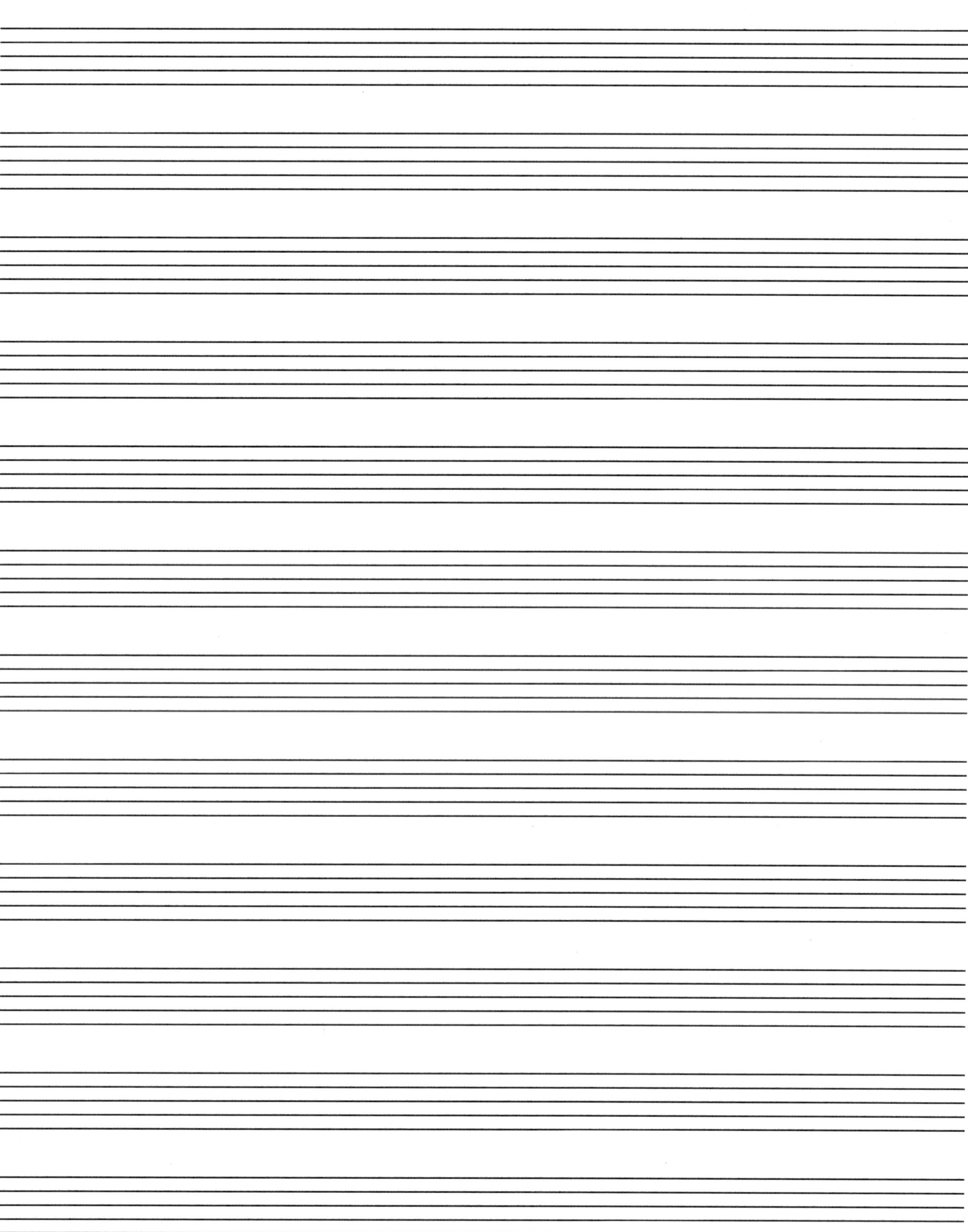

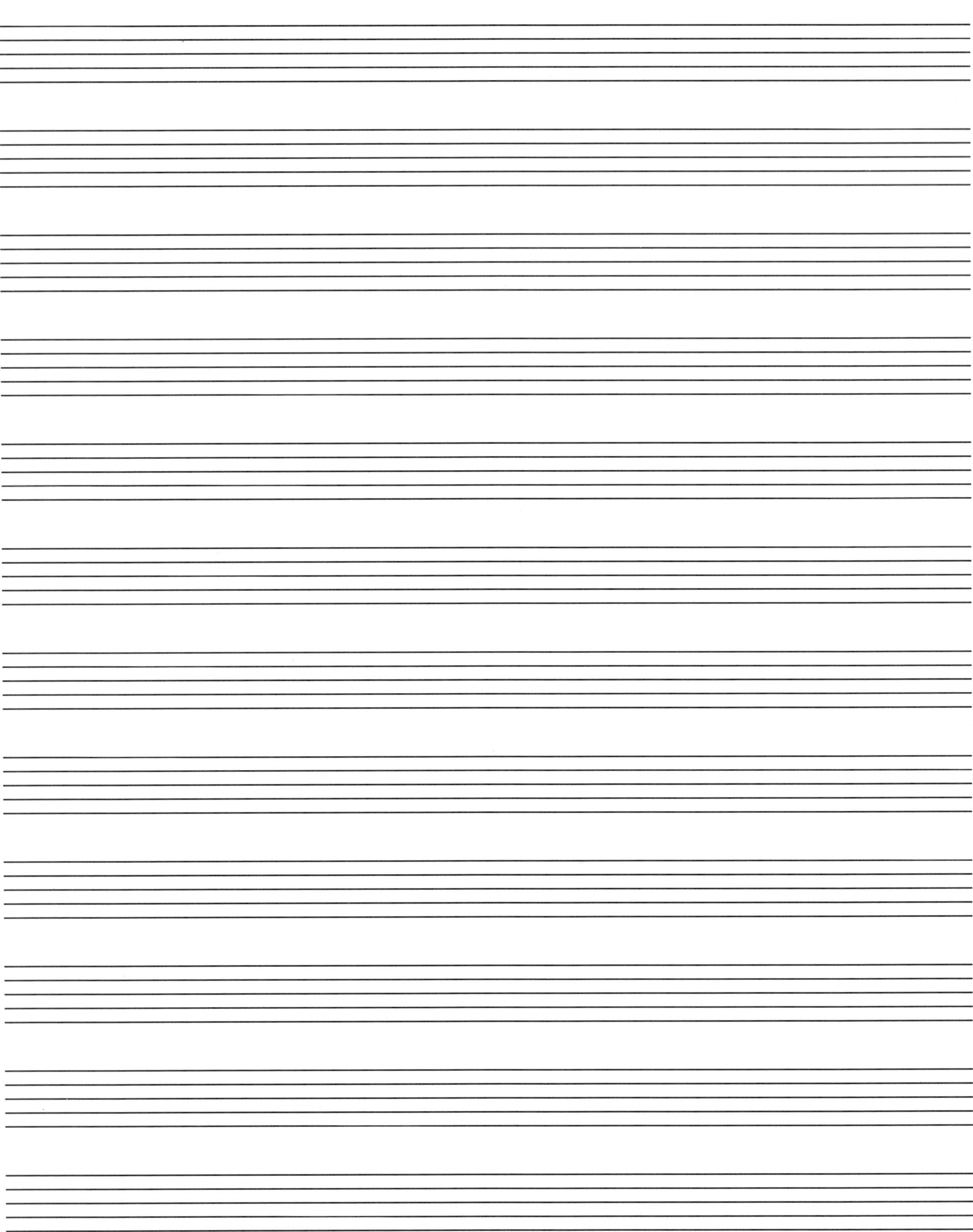

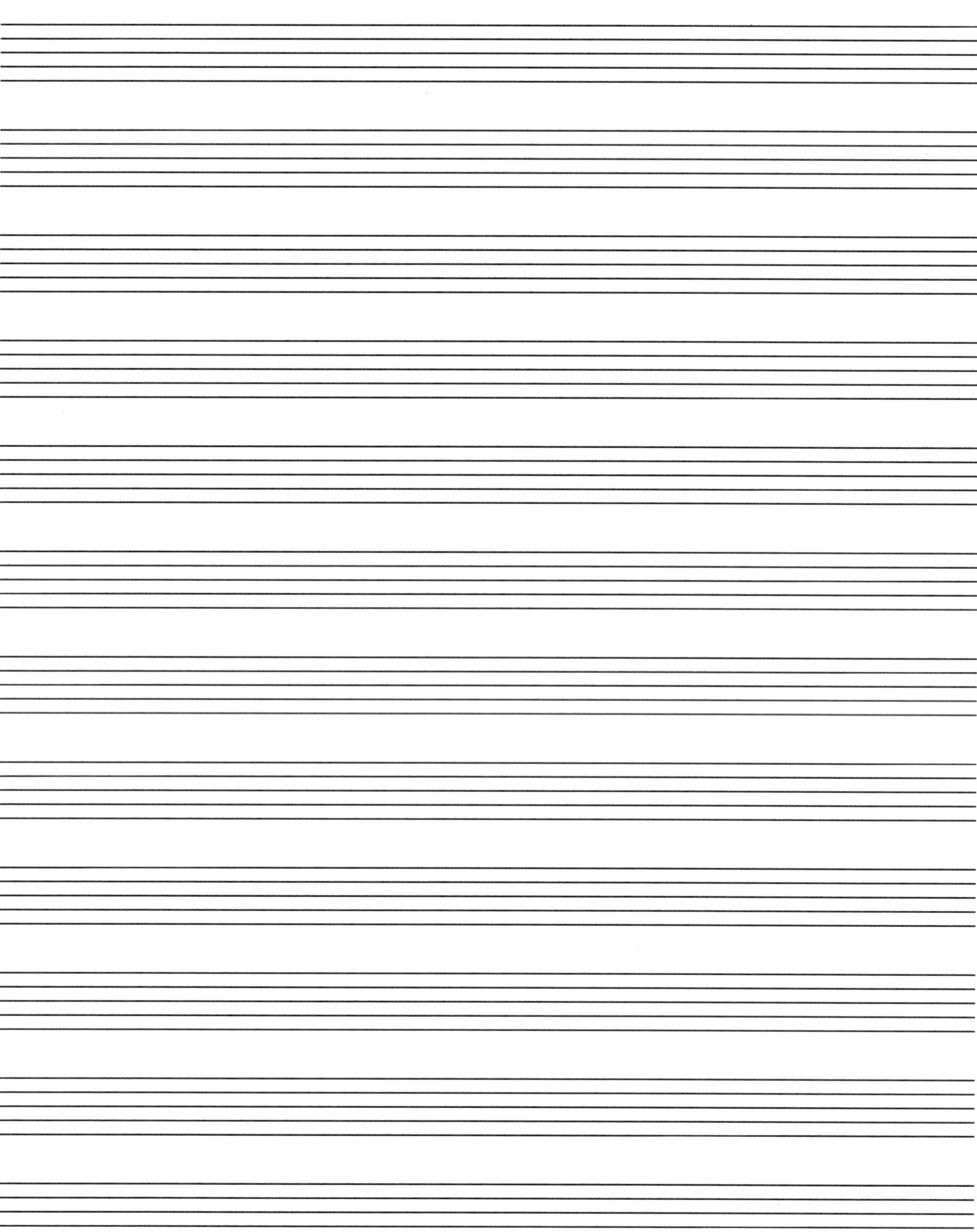

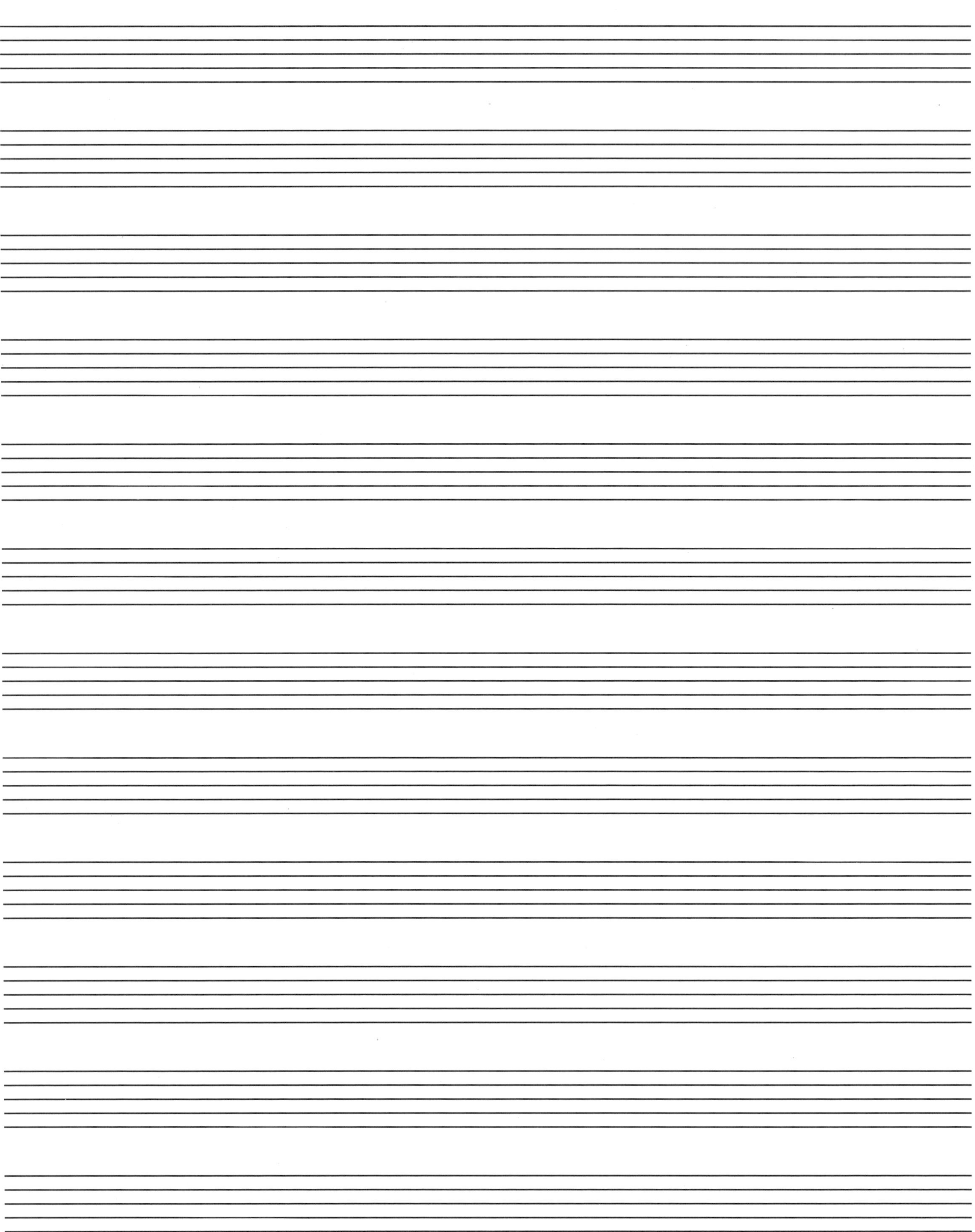

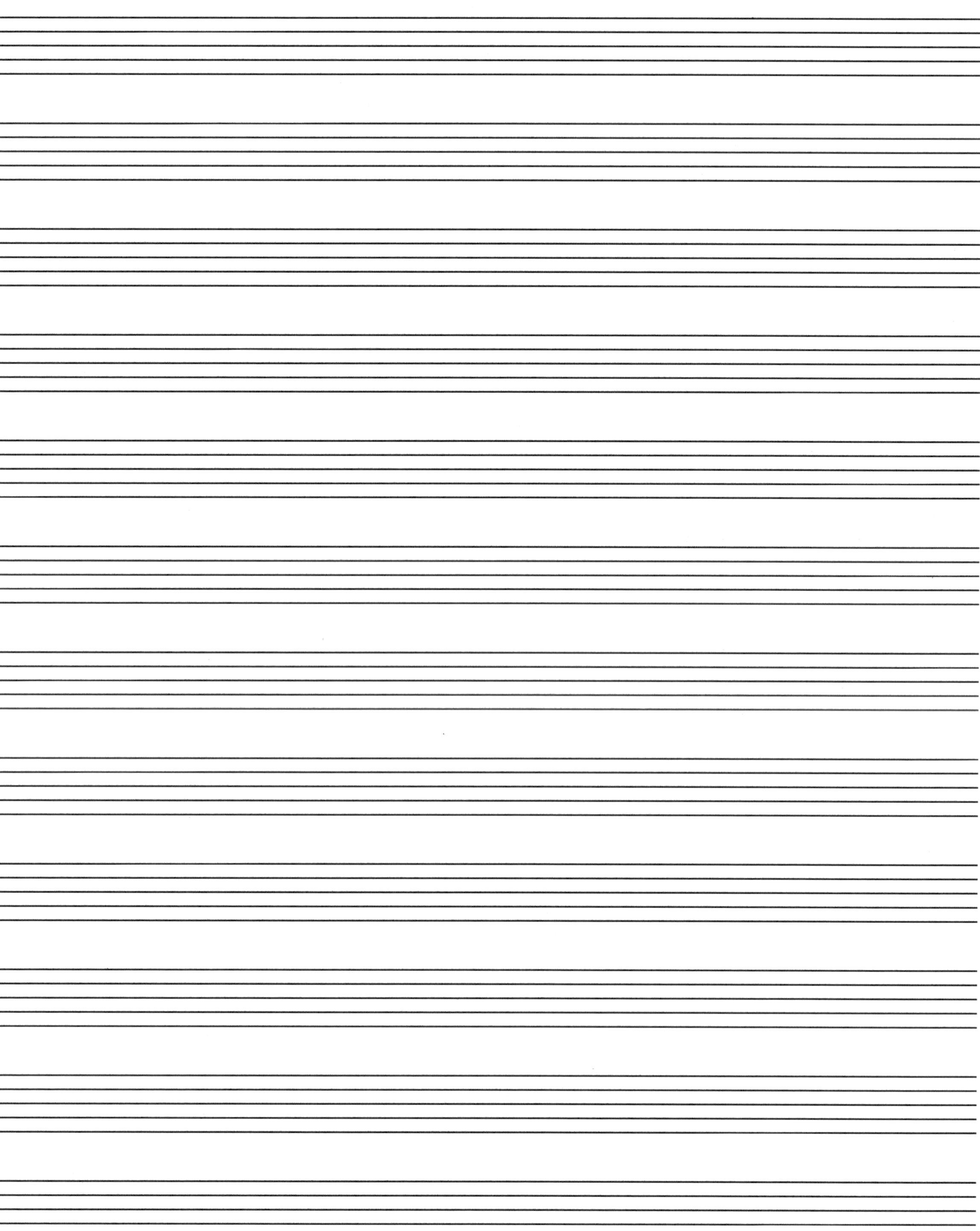

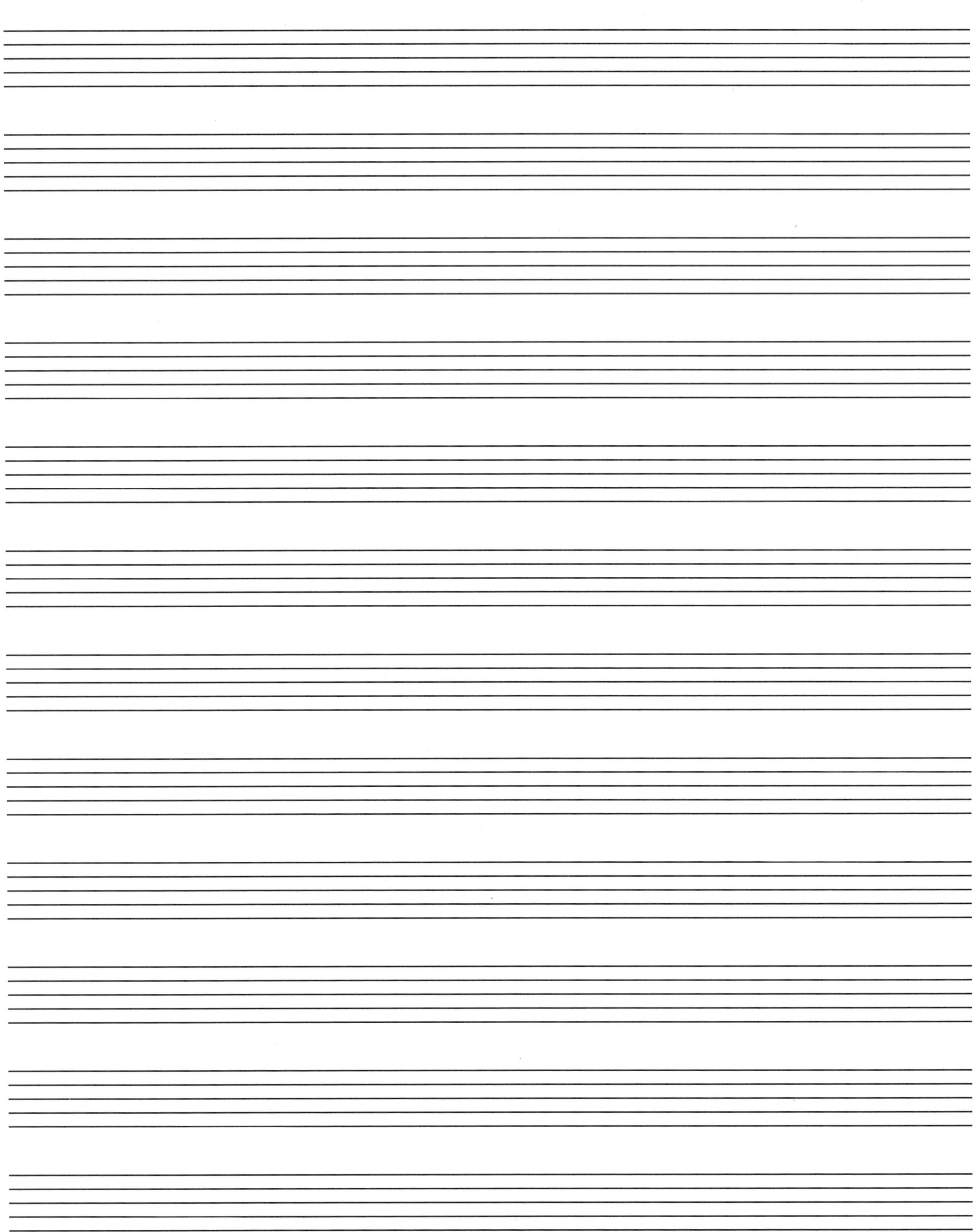

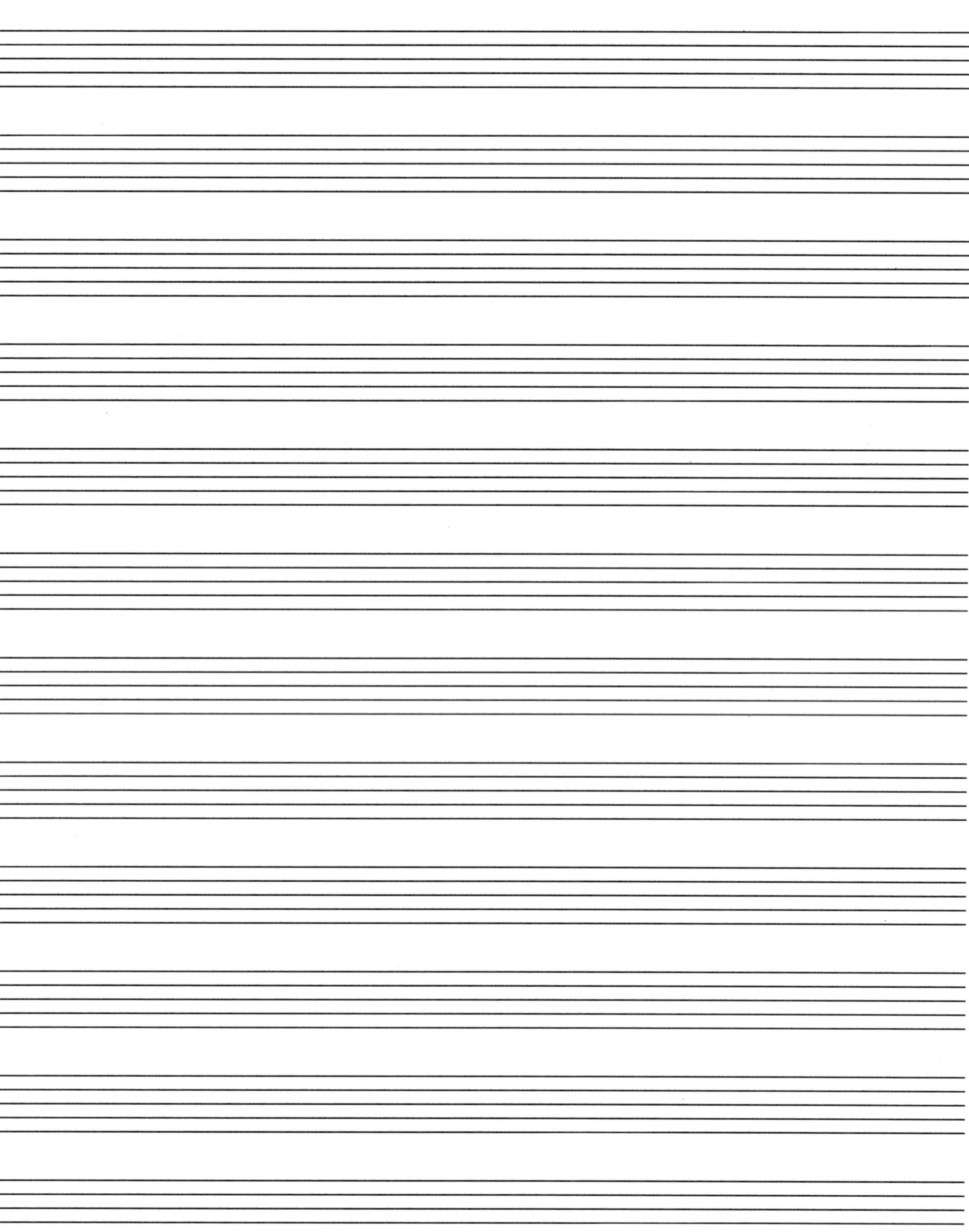

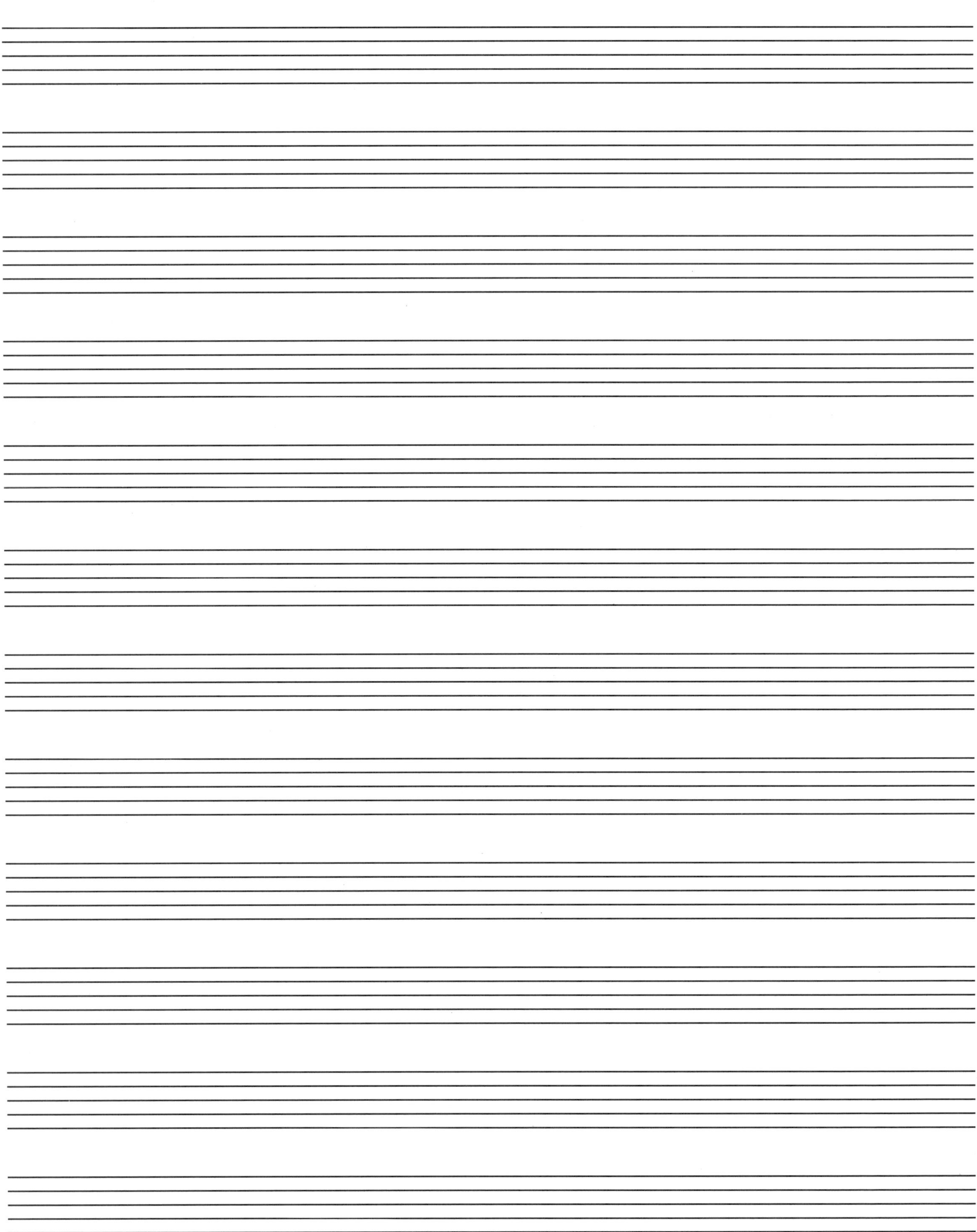

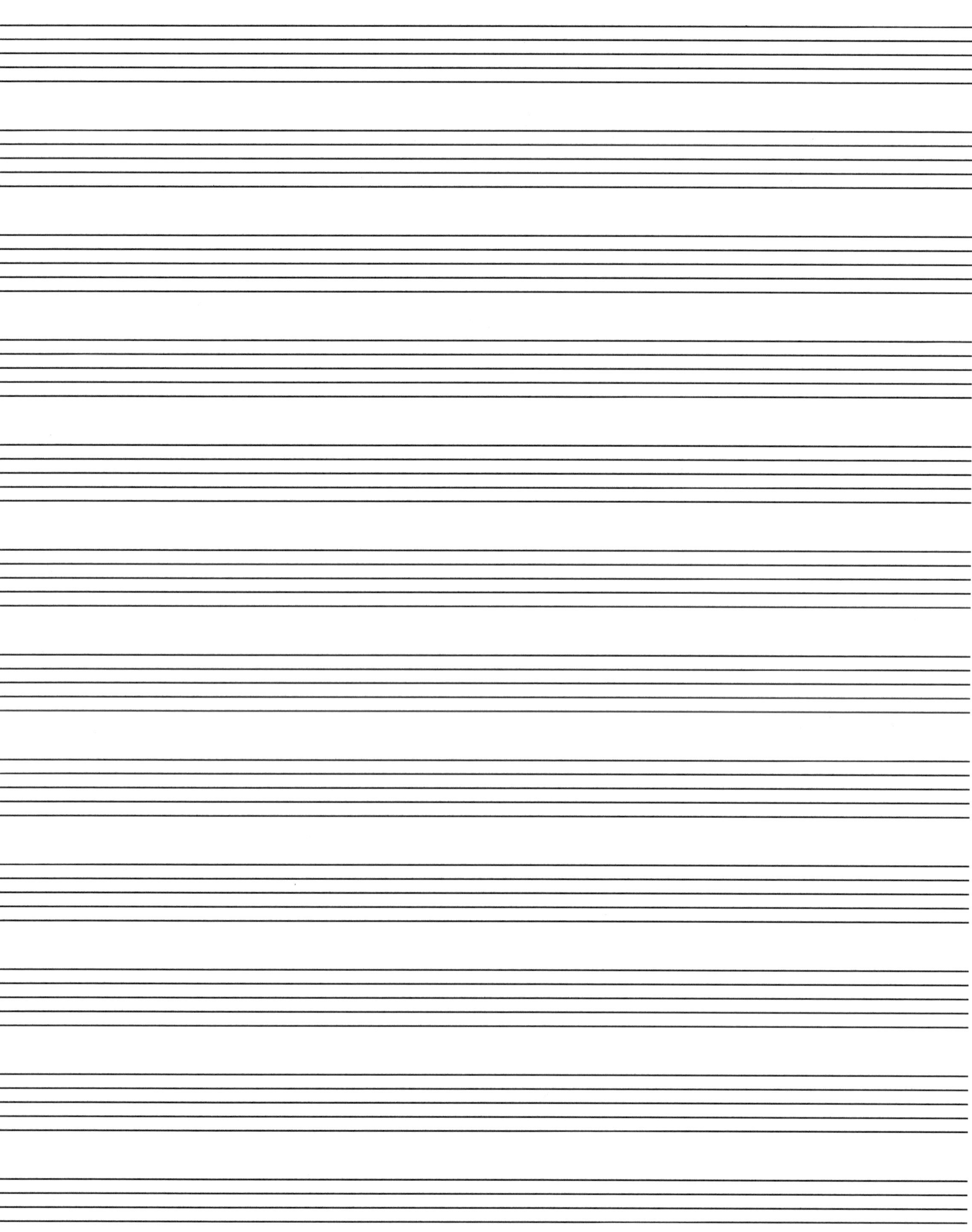

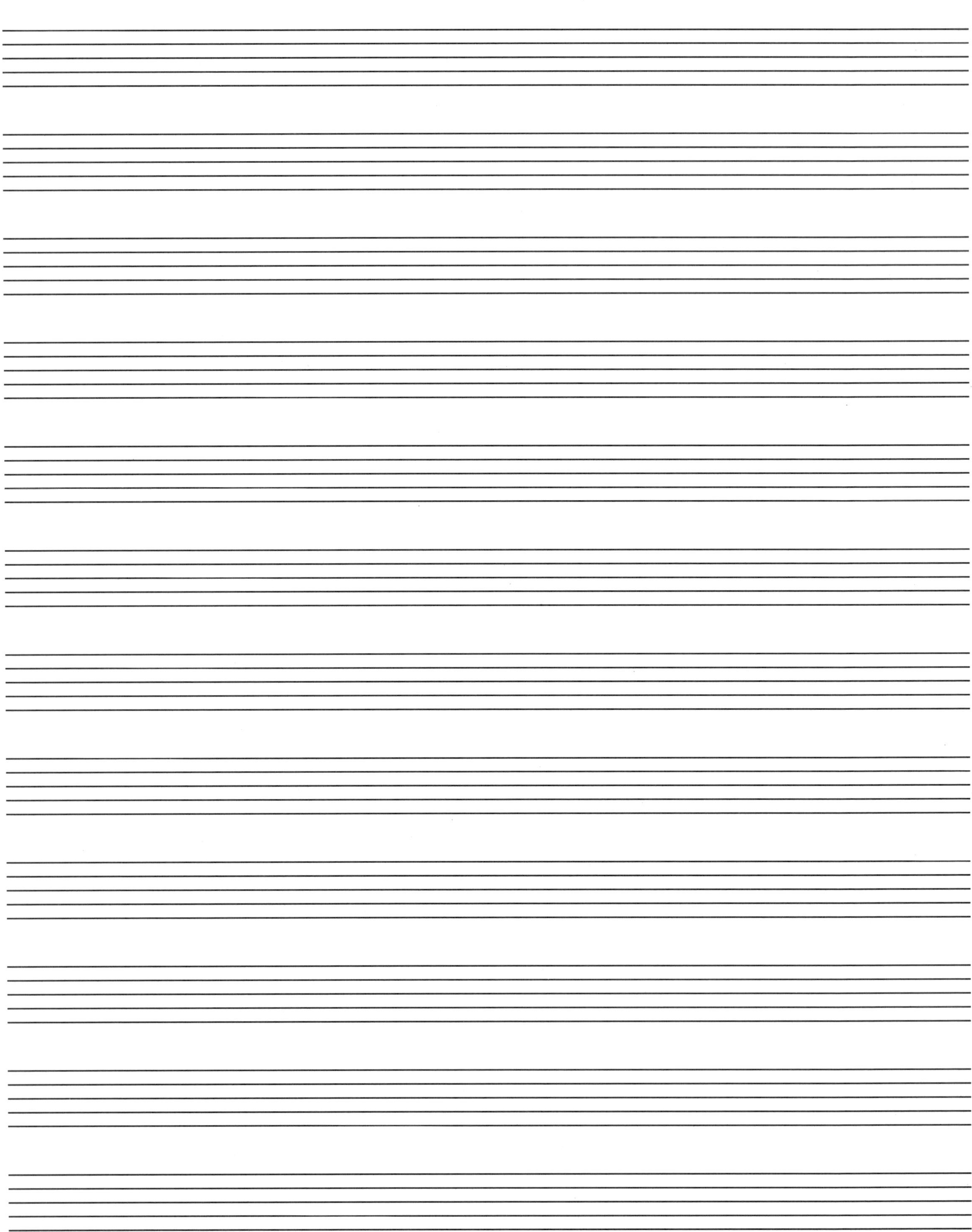

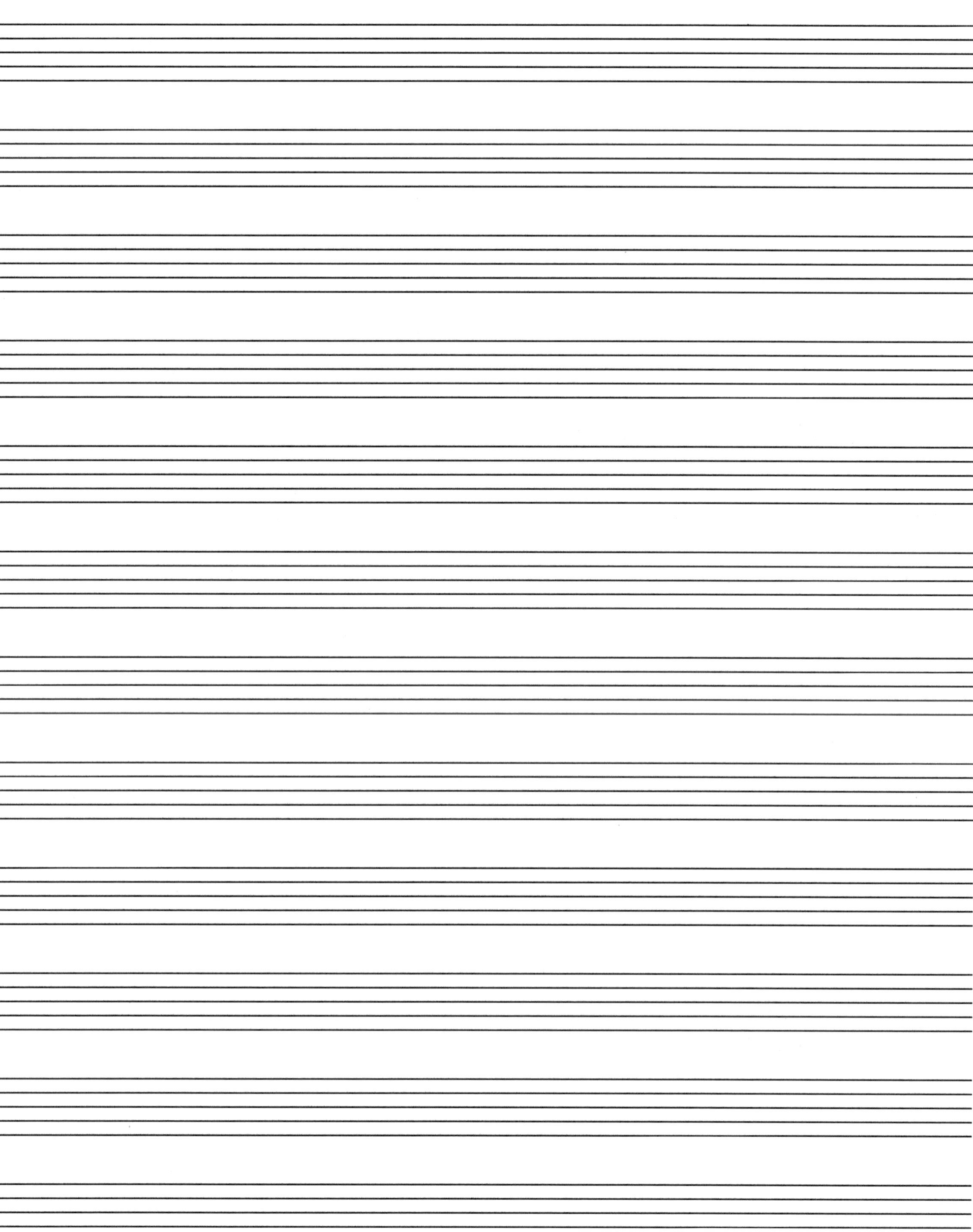

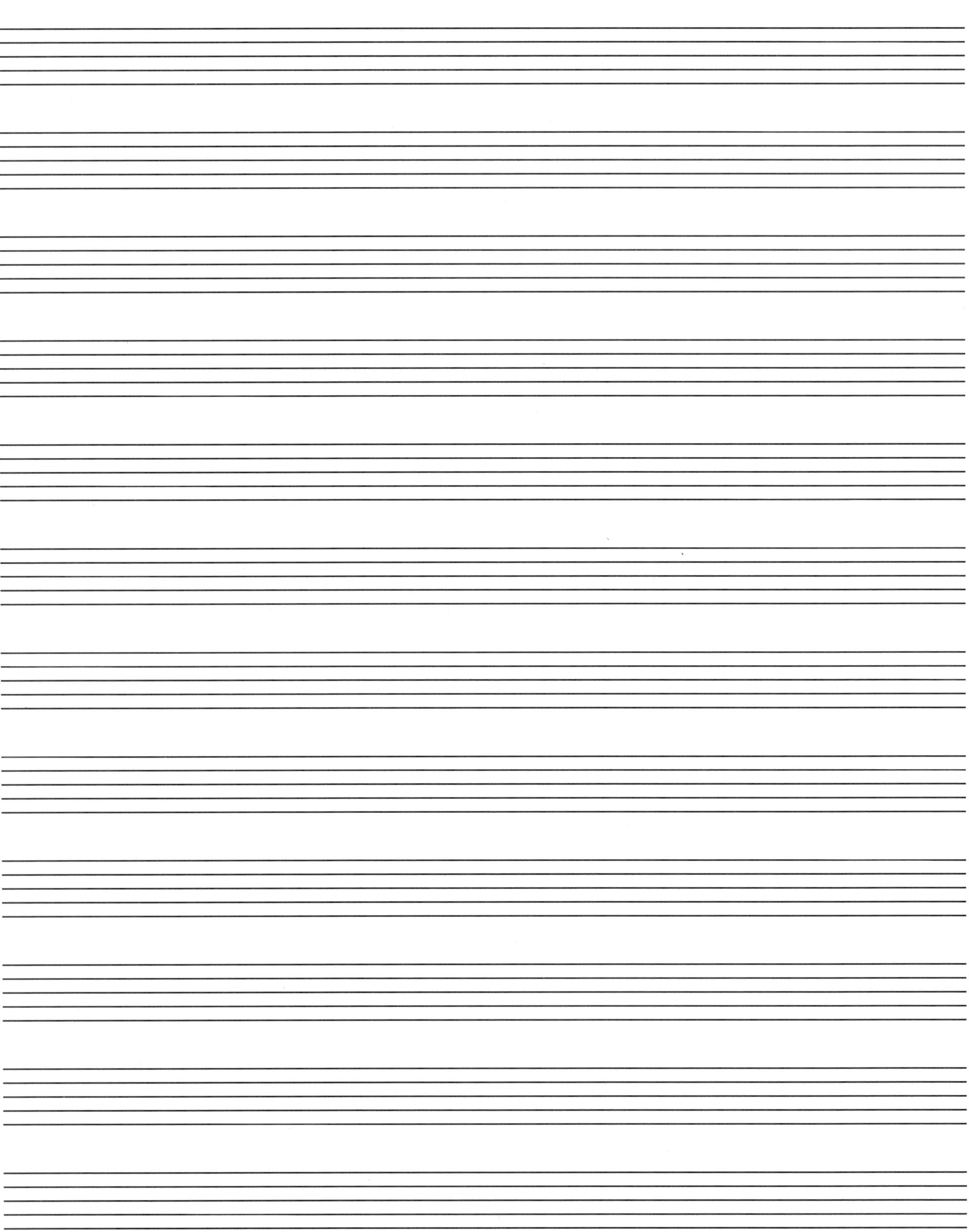

HL00210003

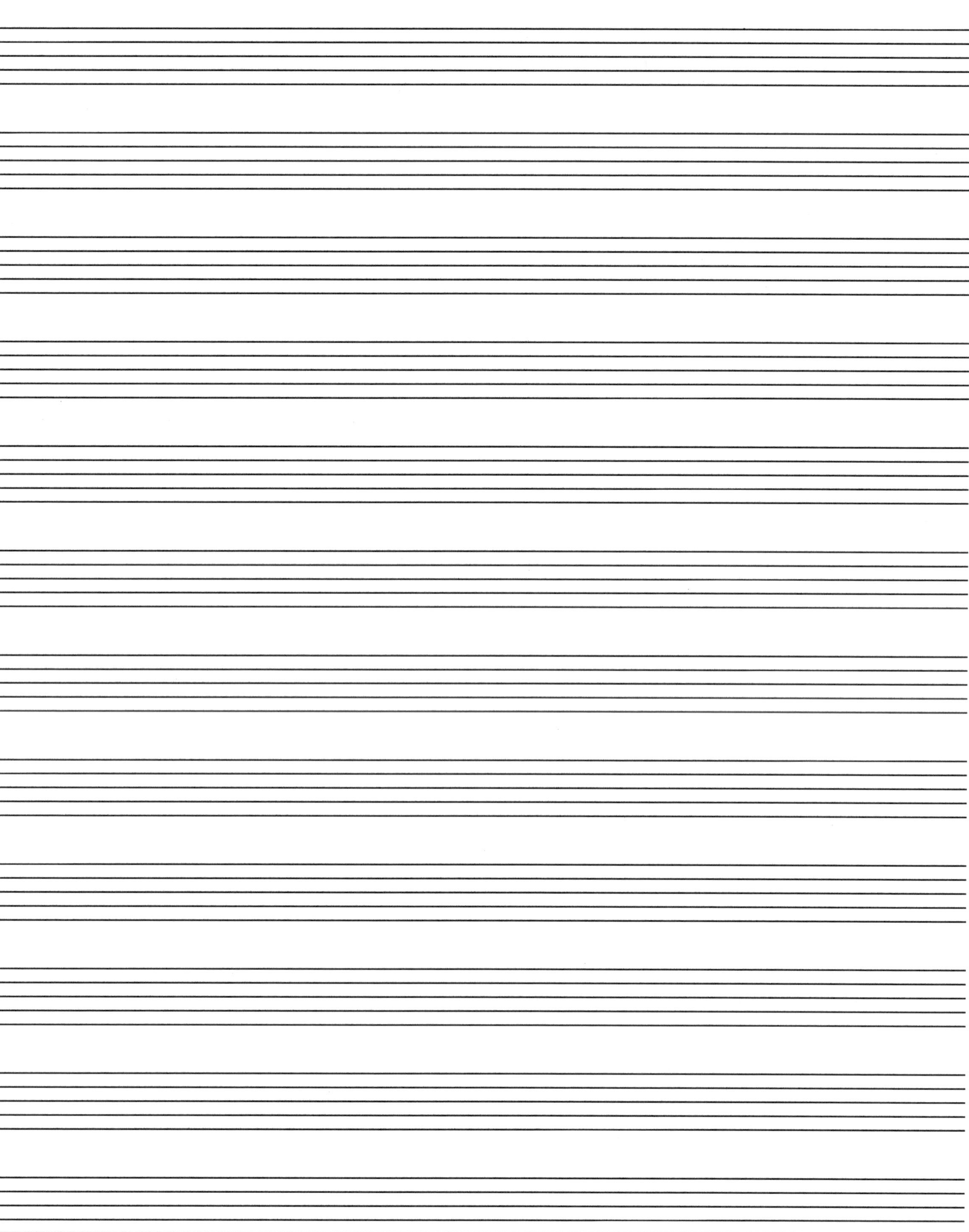

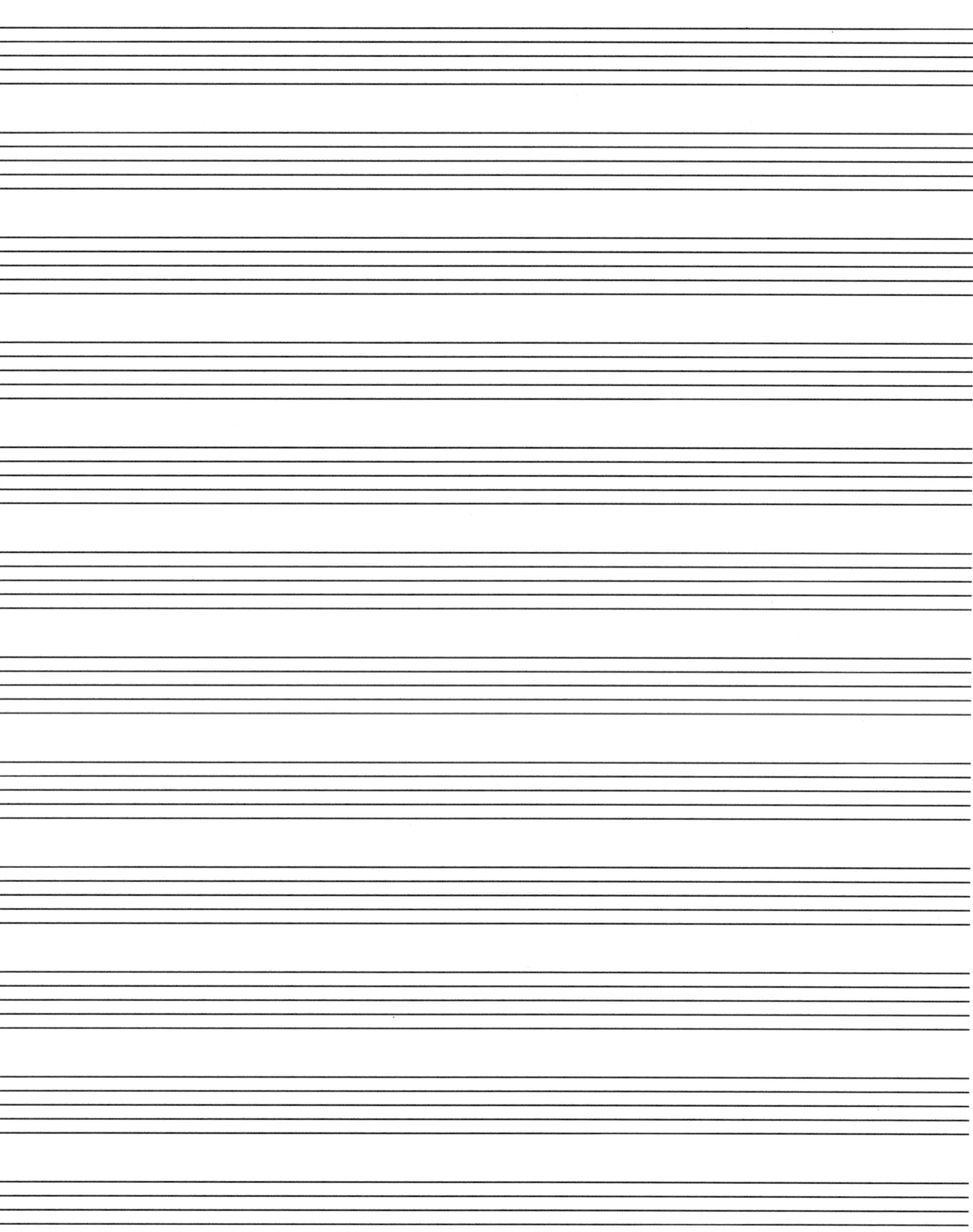

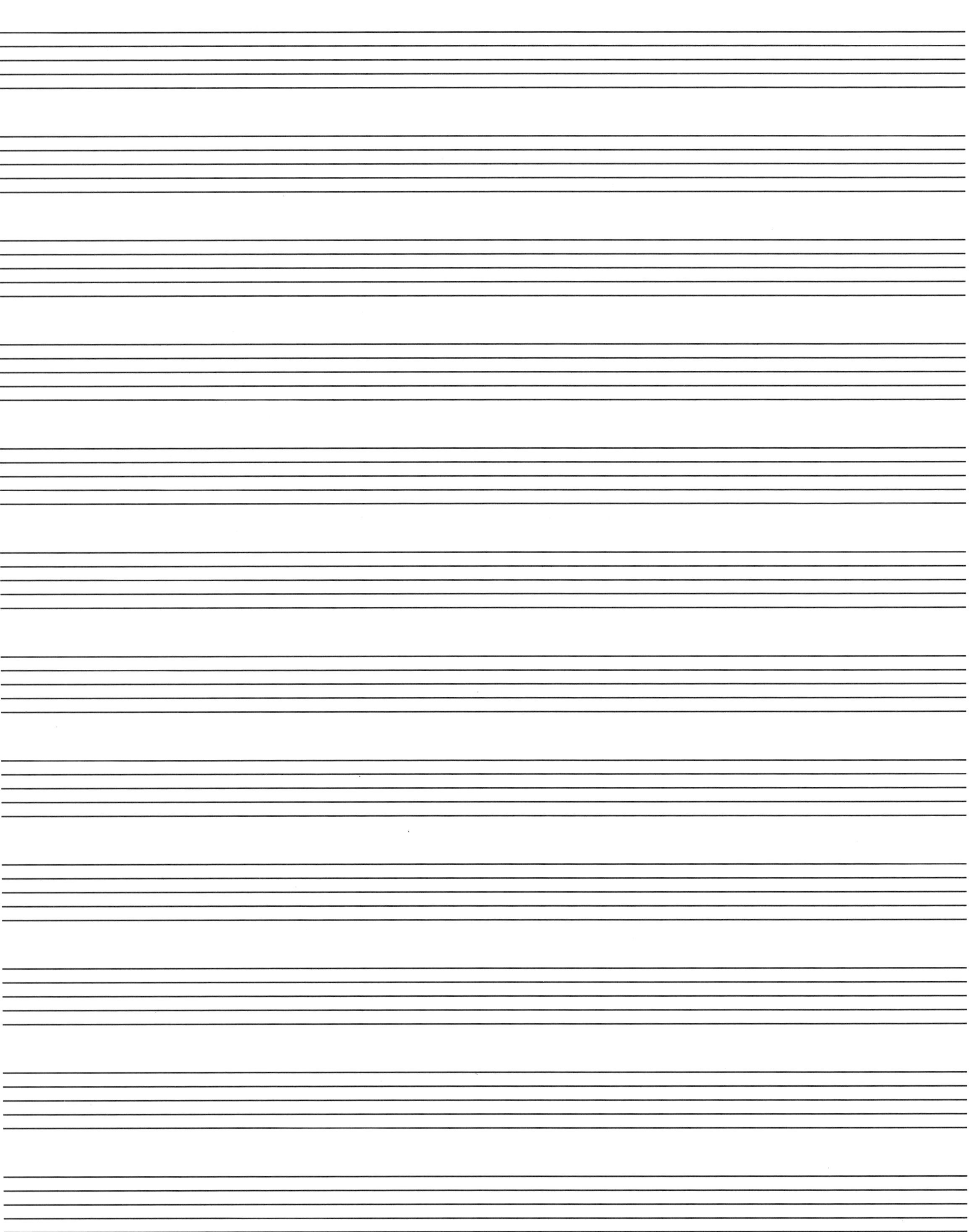

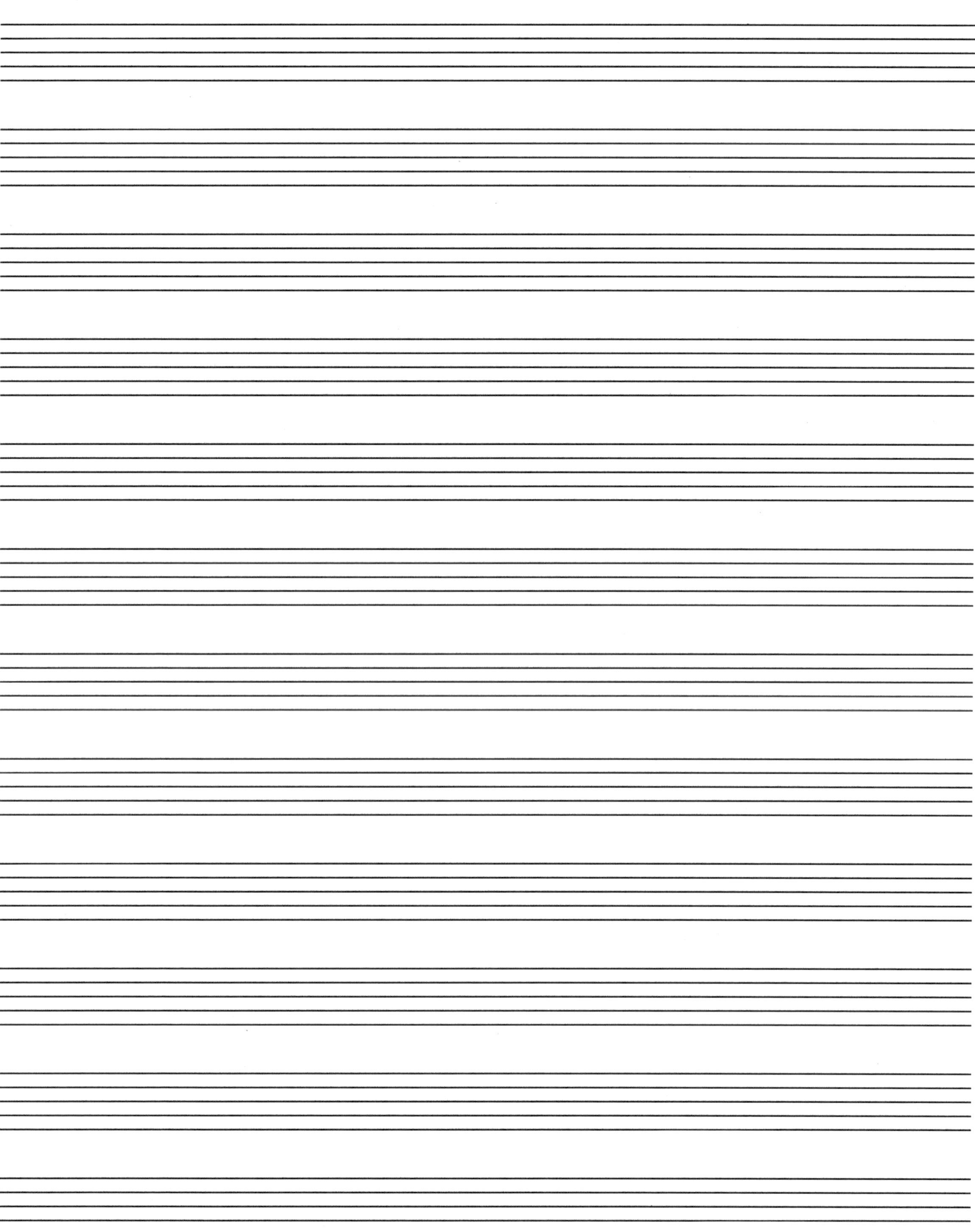

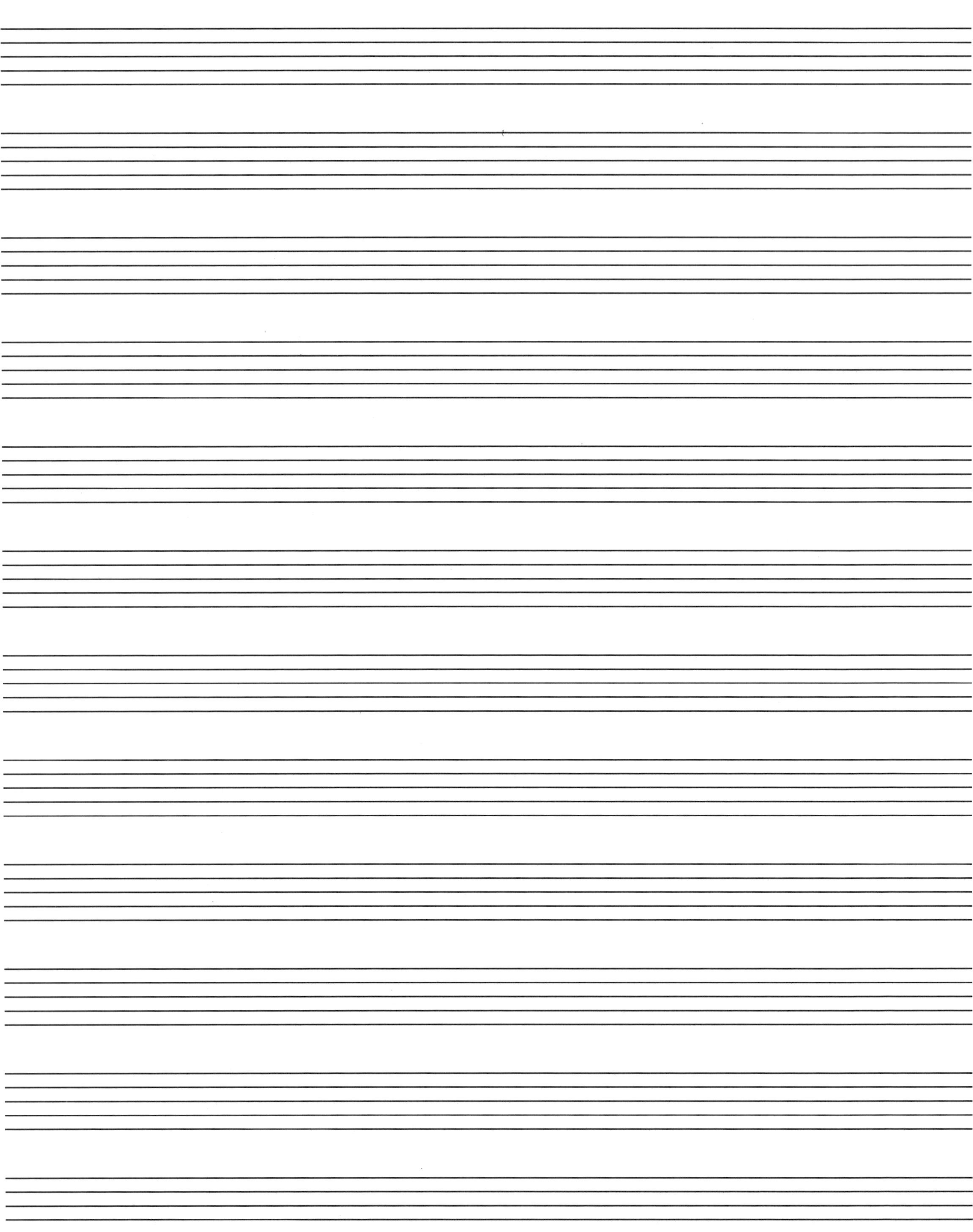

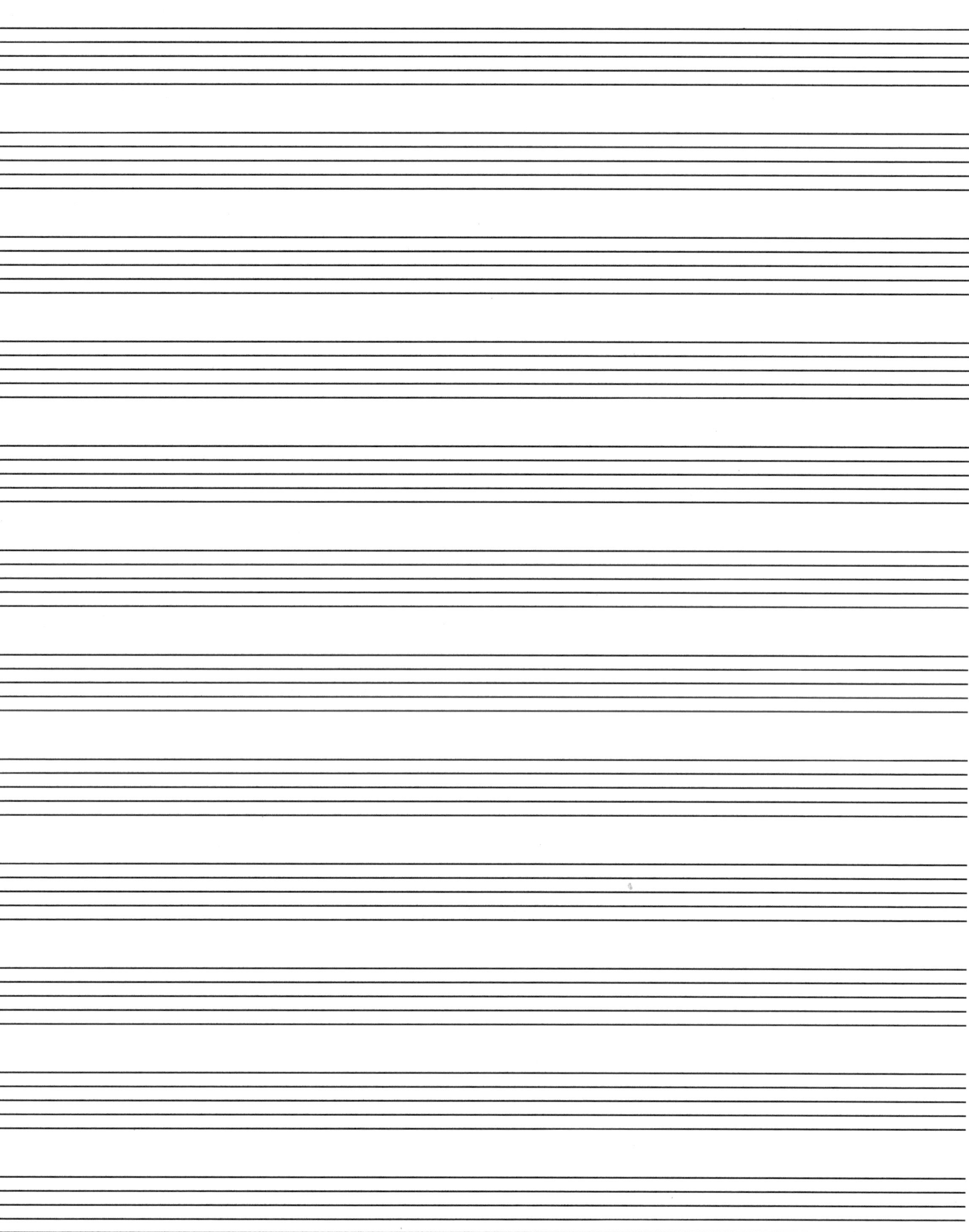

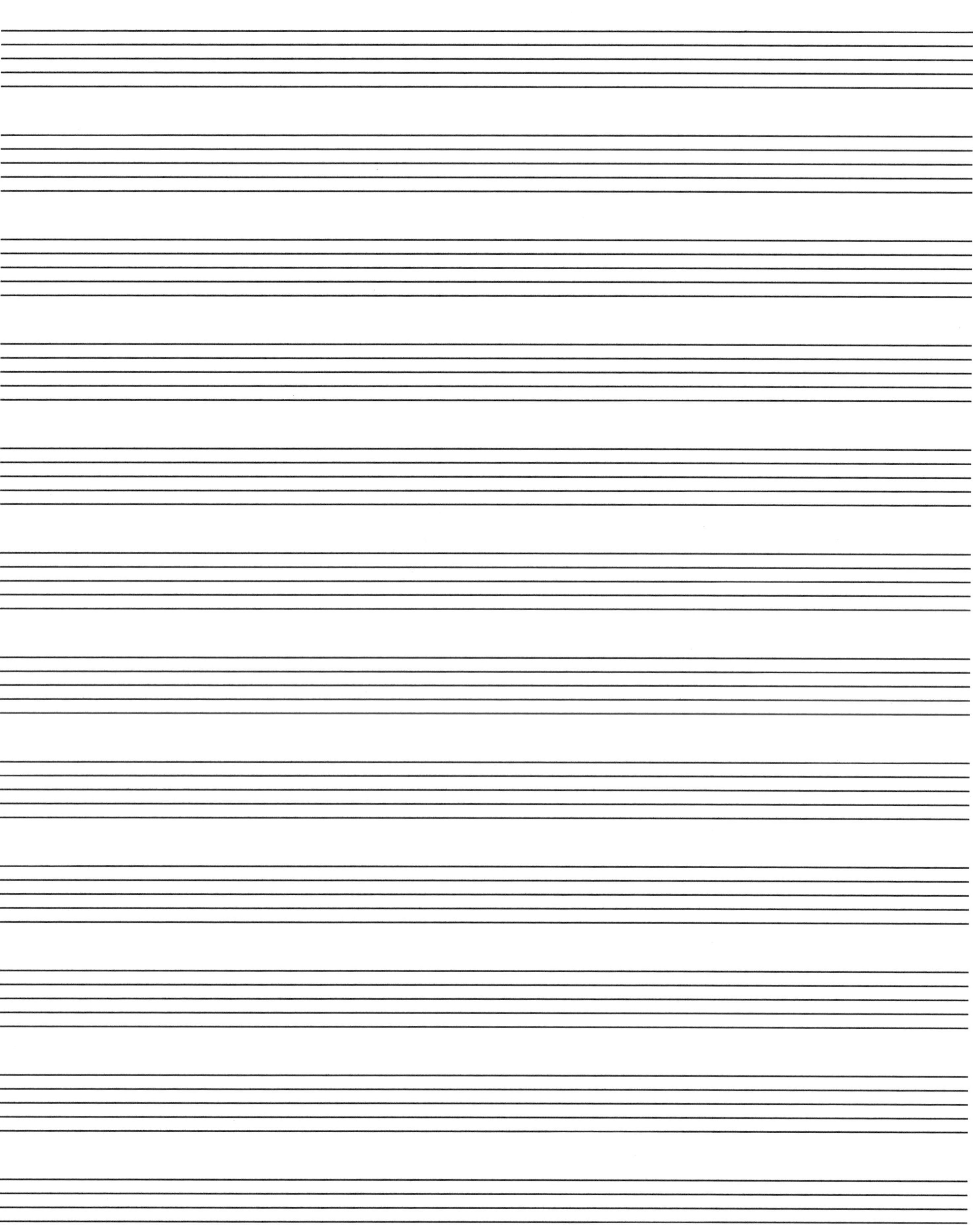

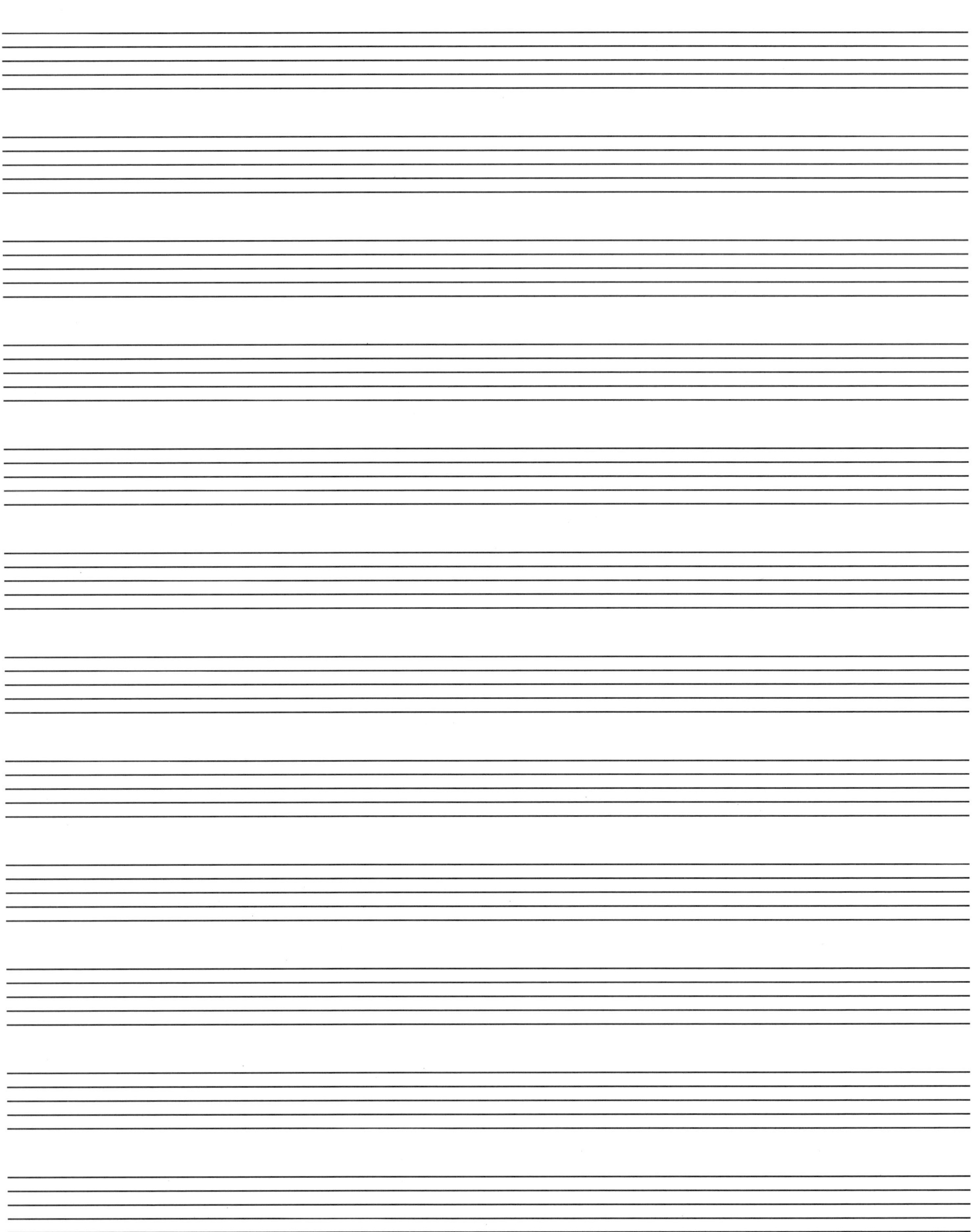

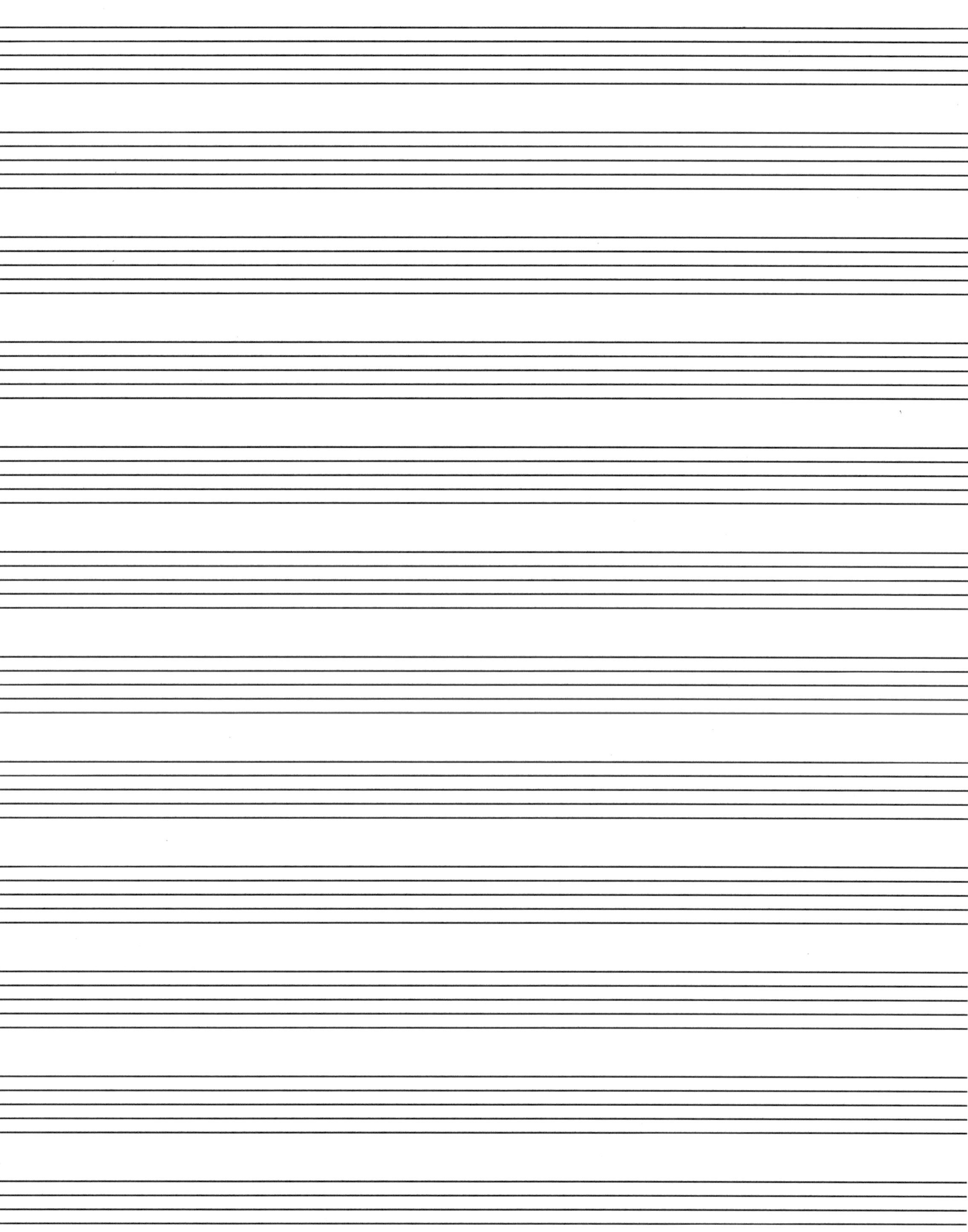

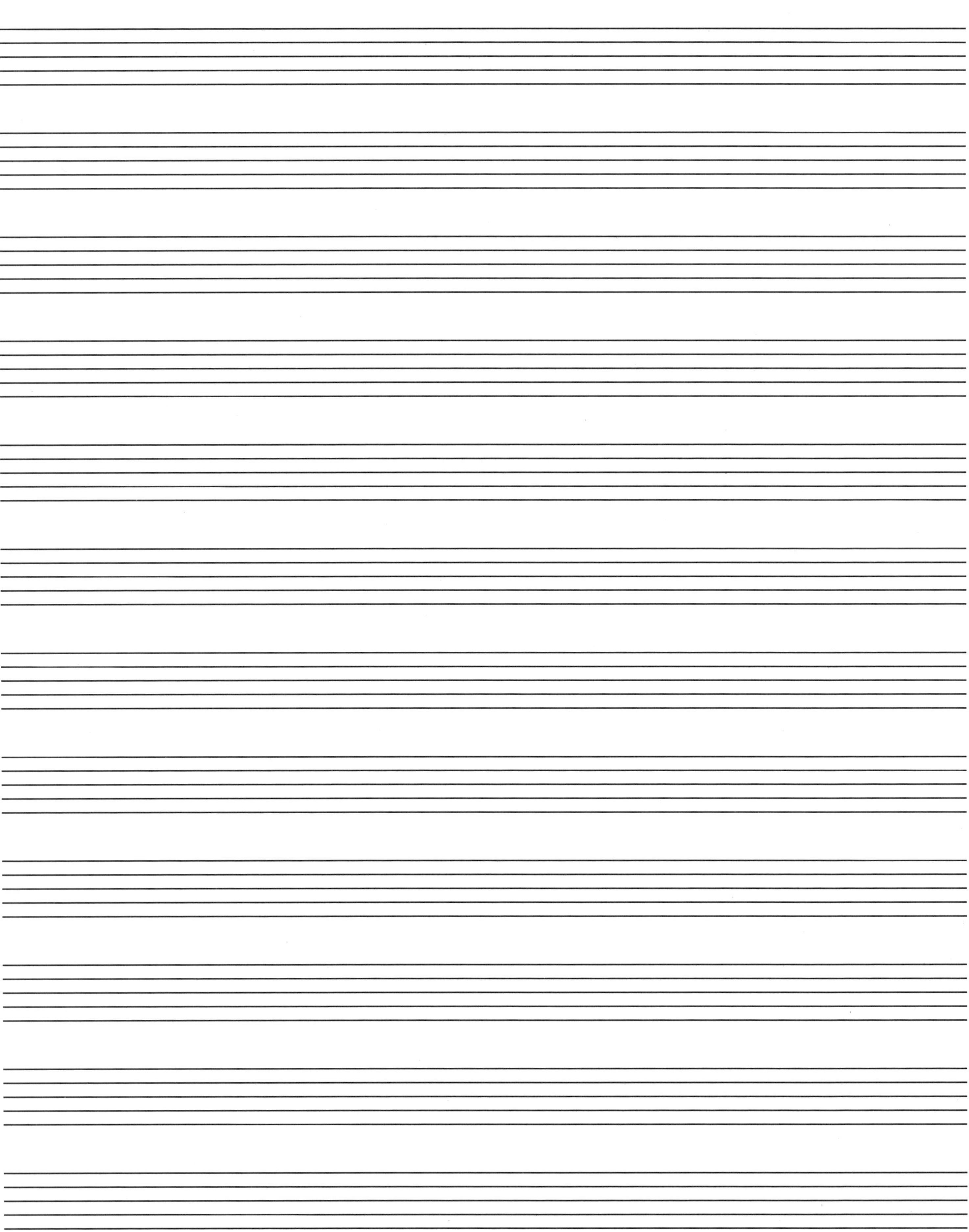

HL00210003

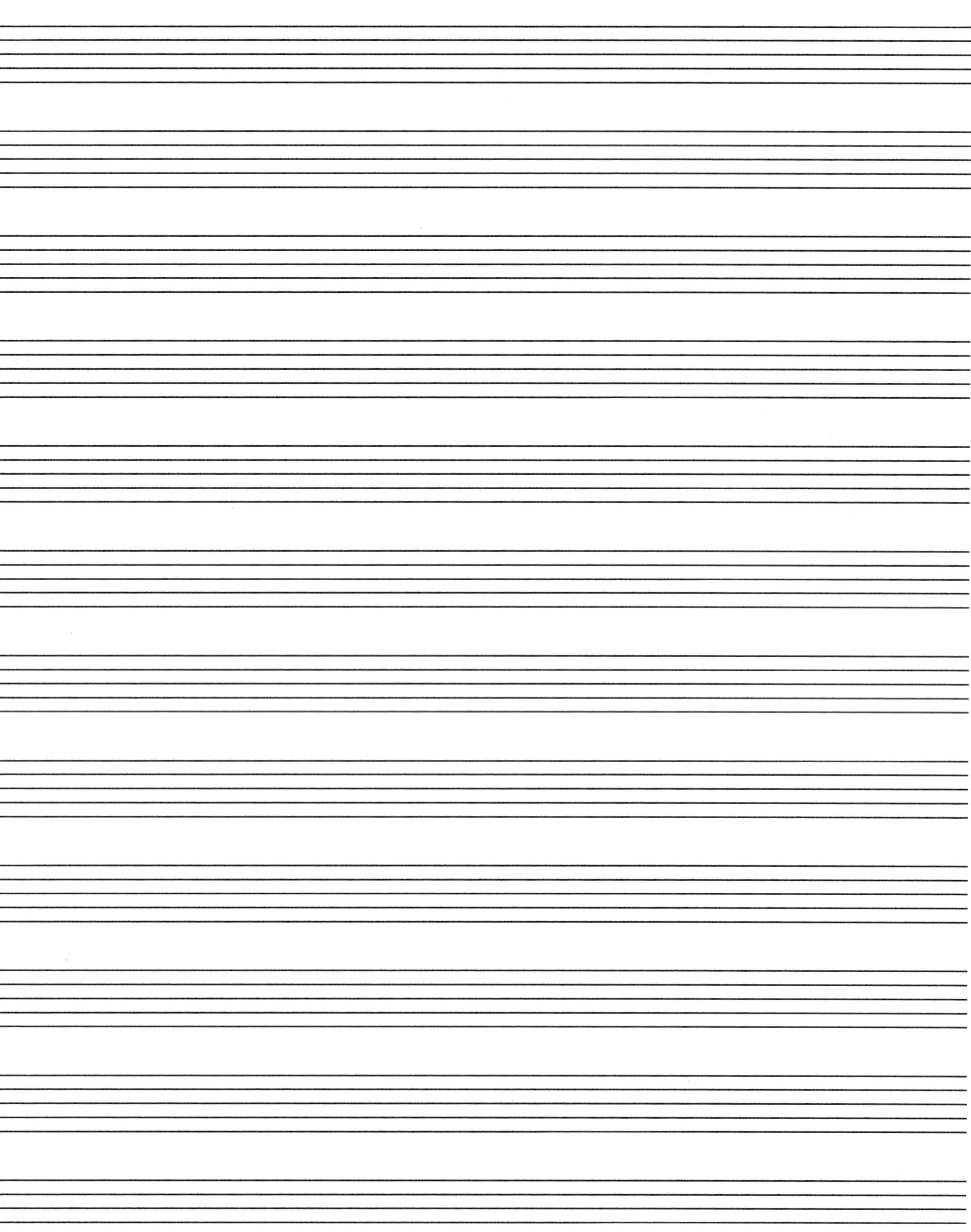

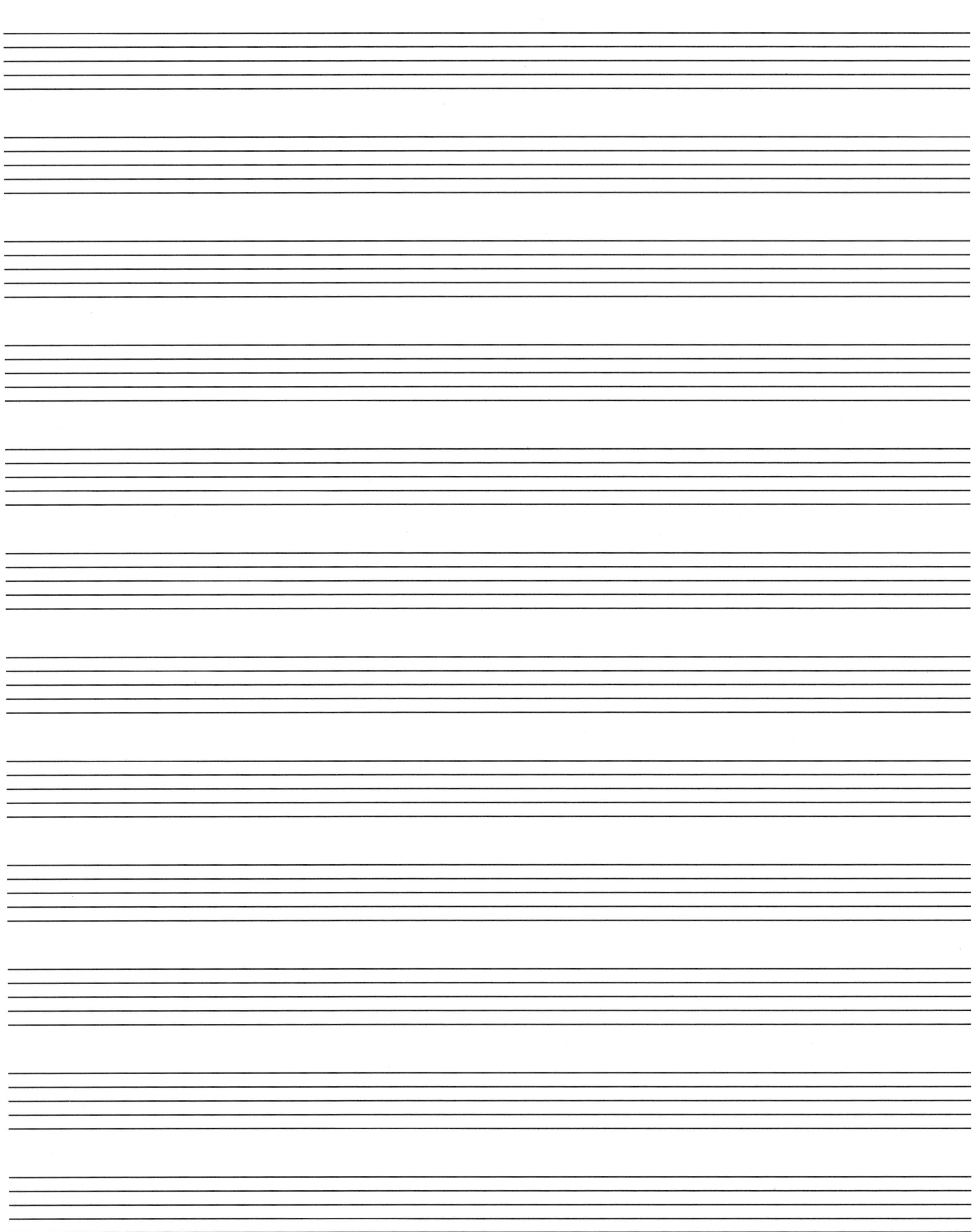

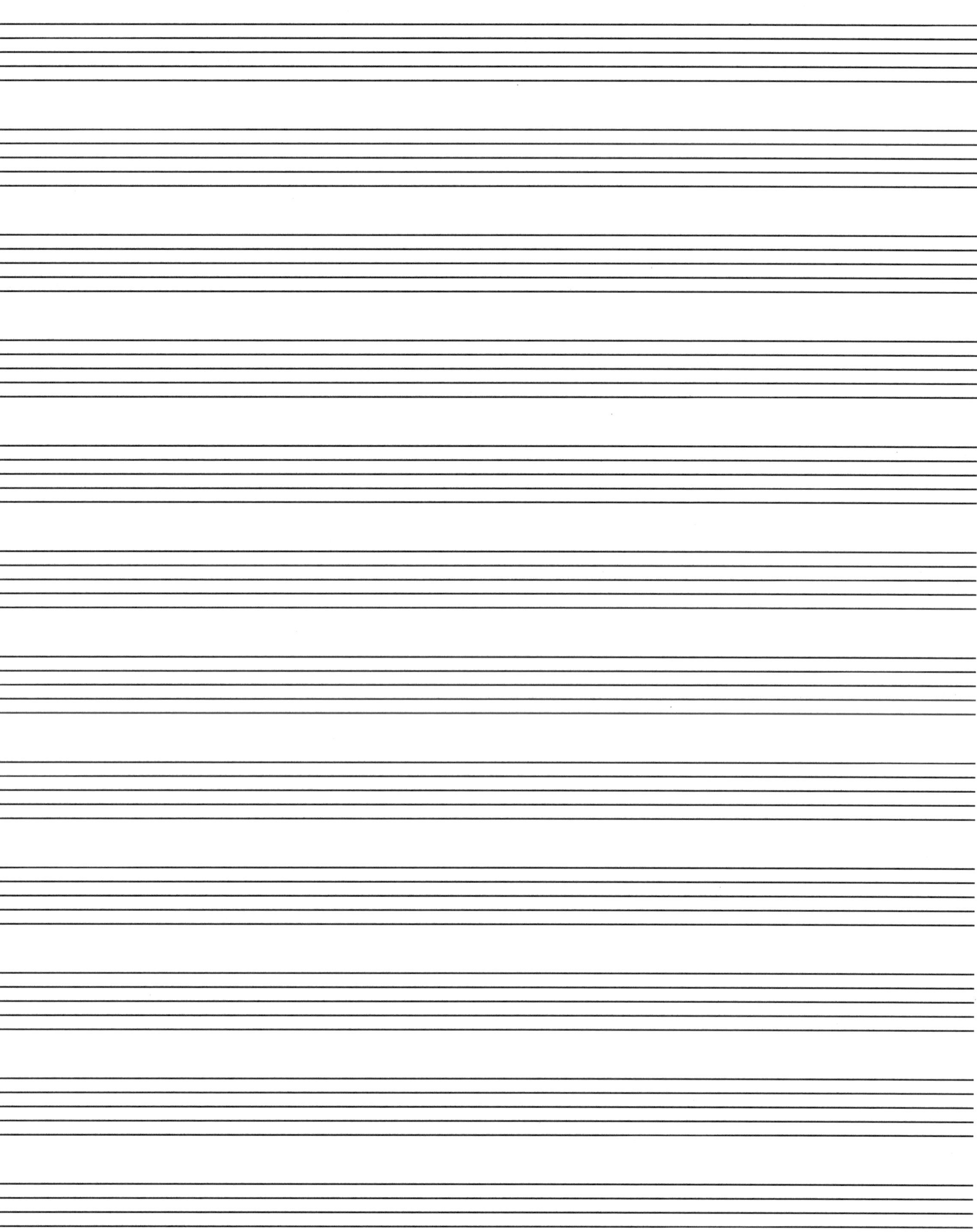

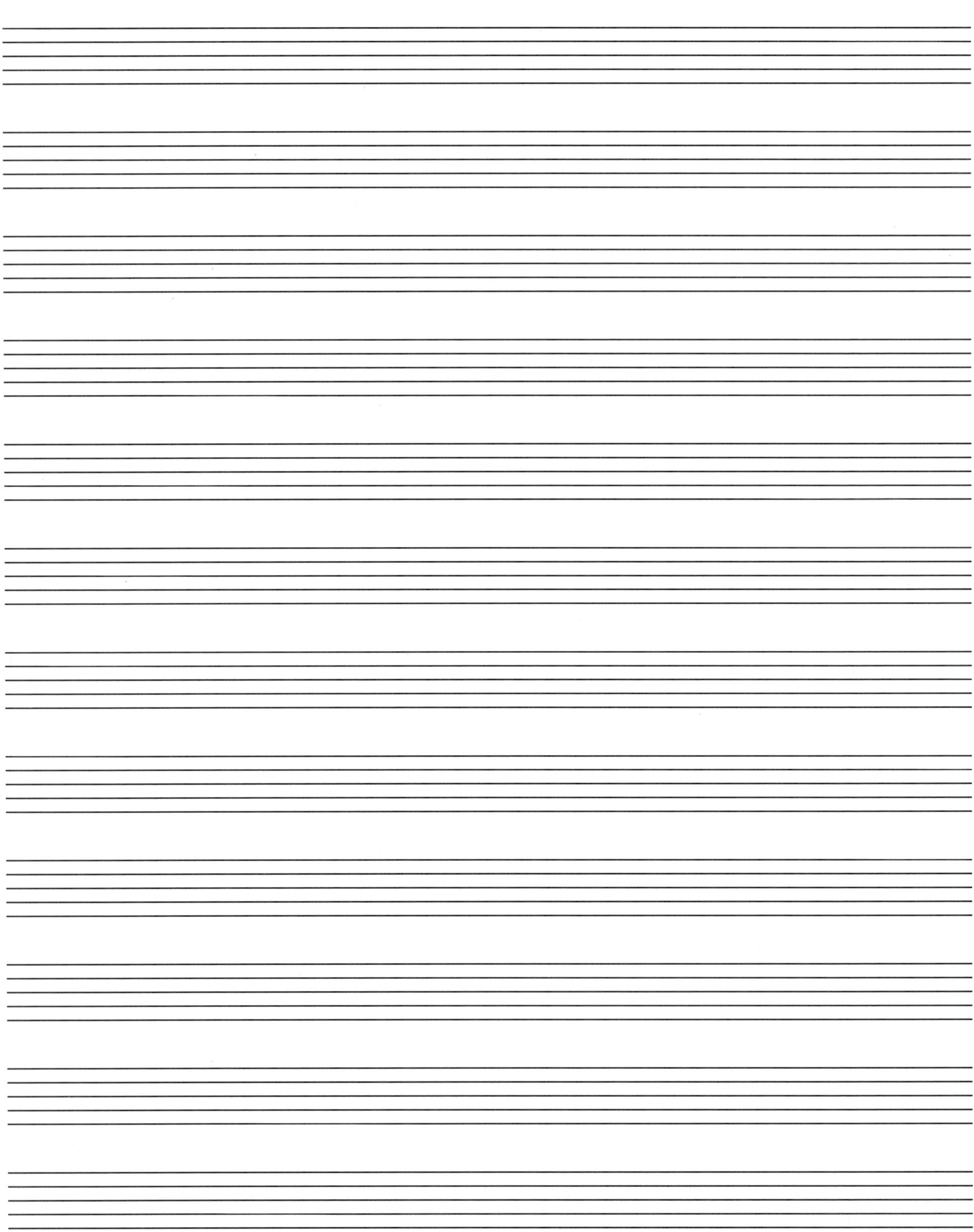

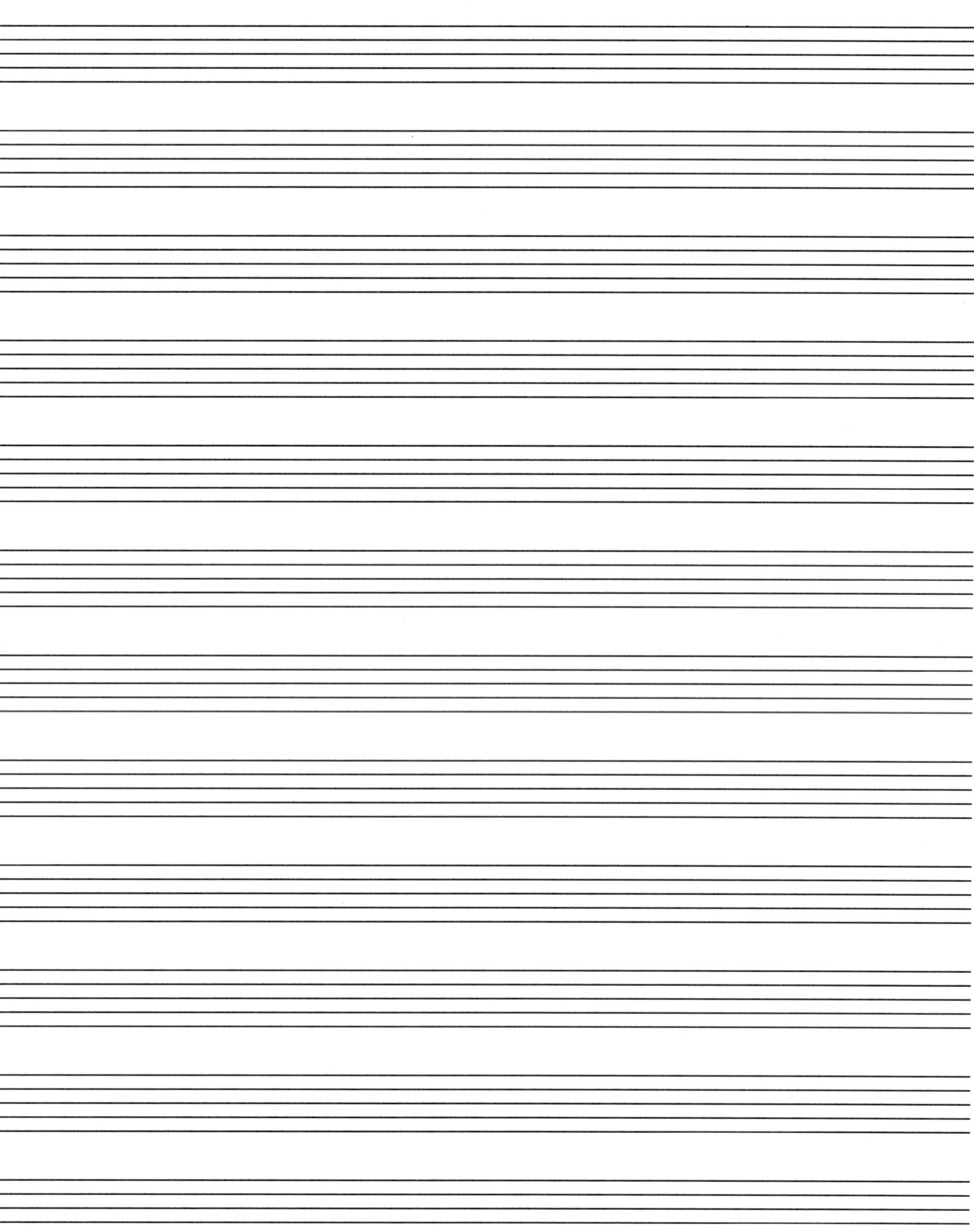

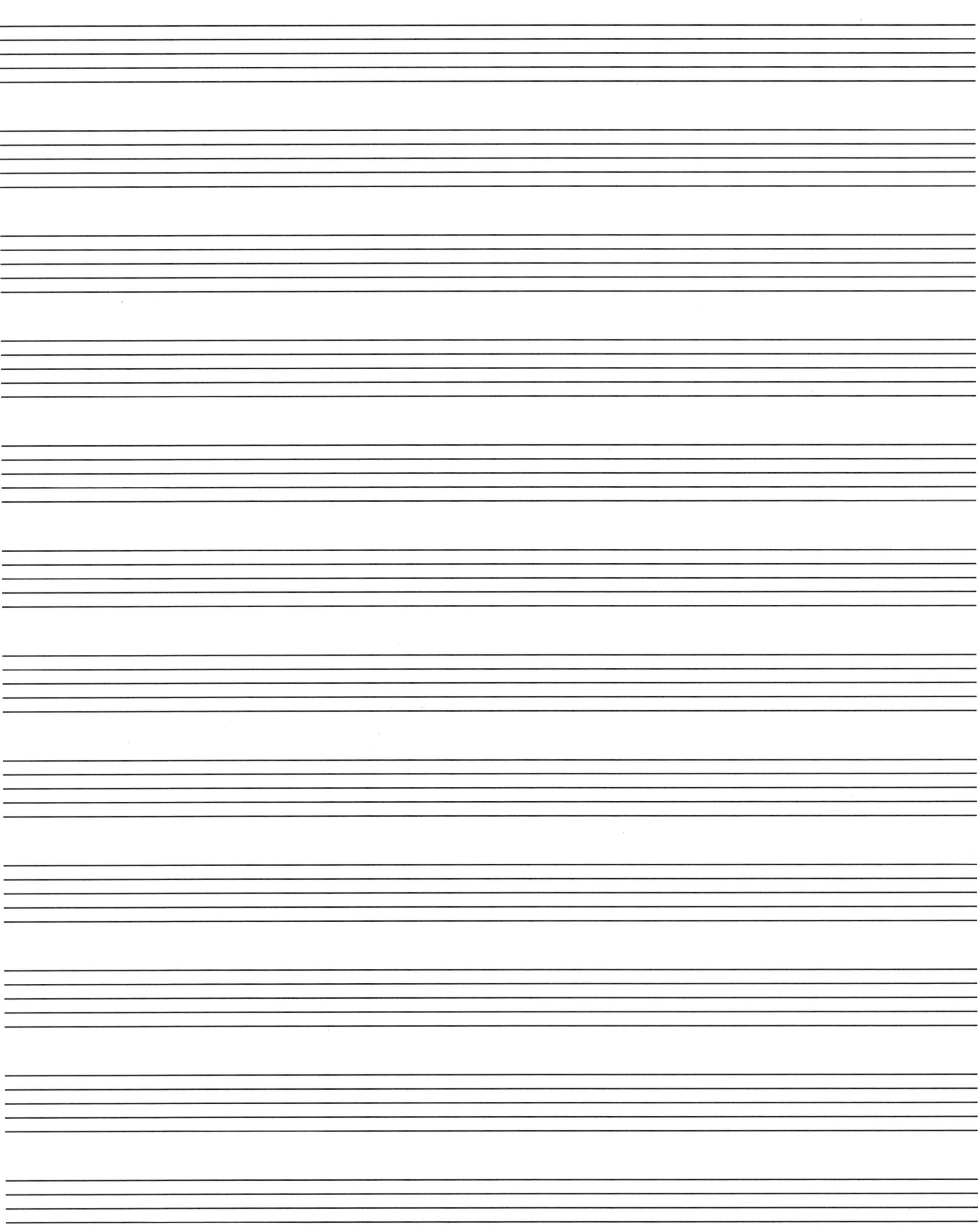

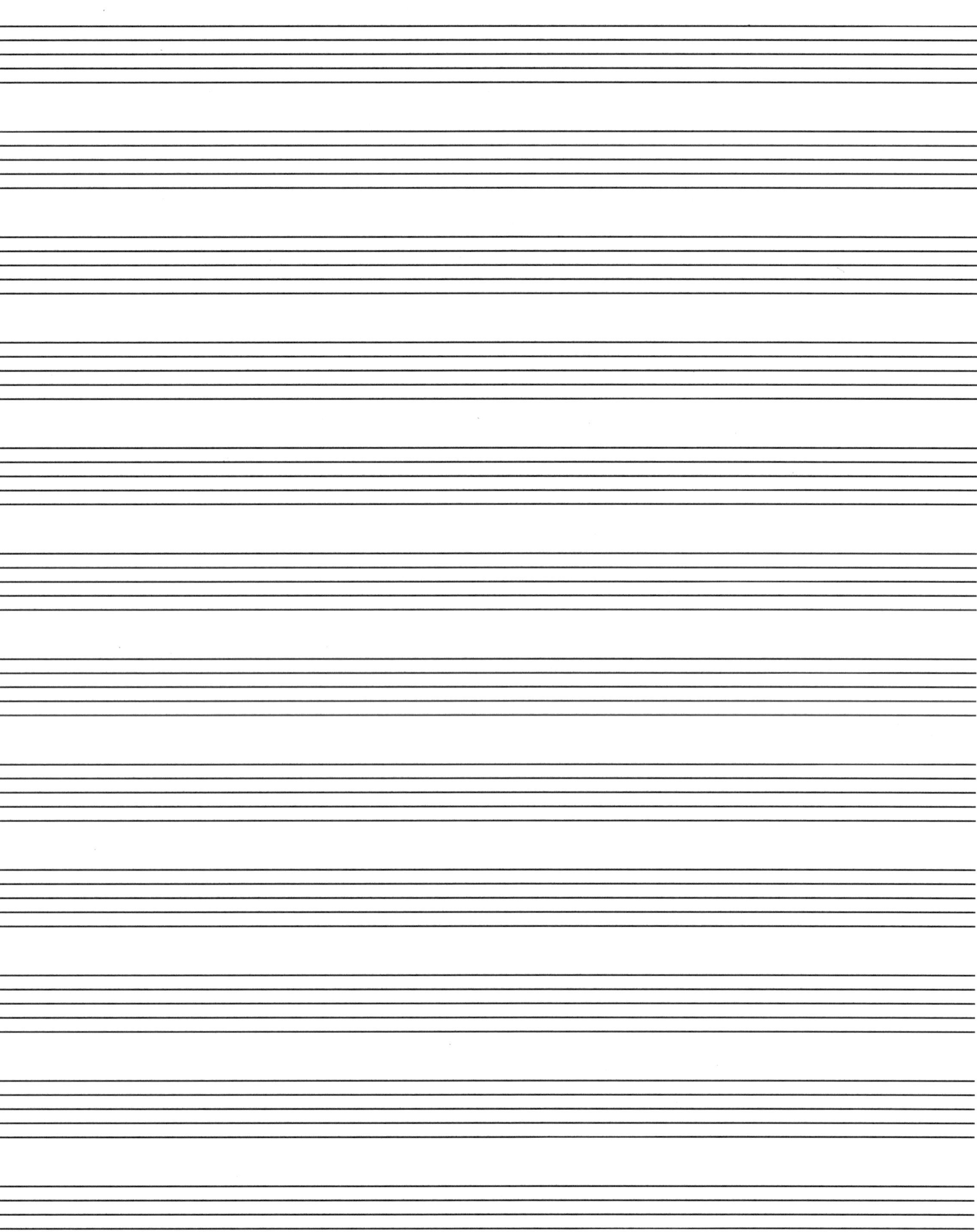

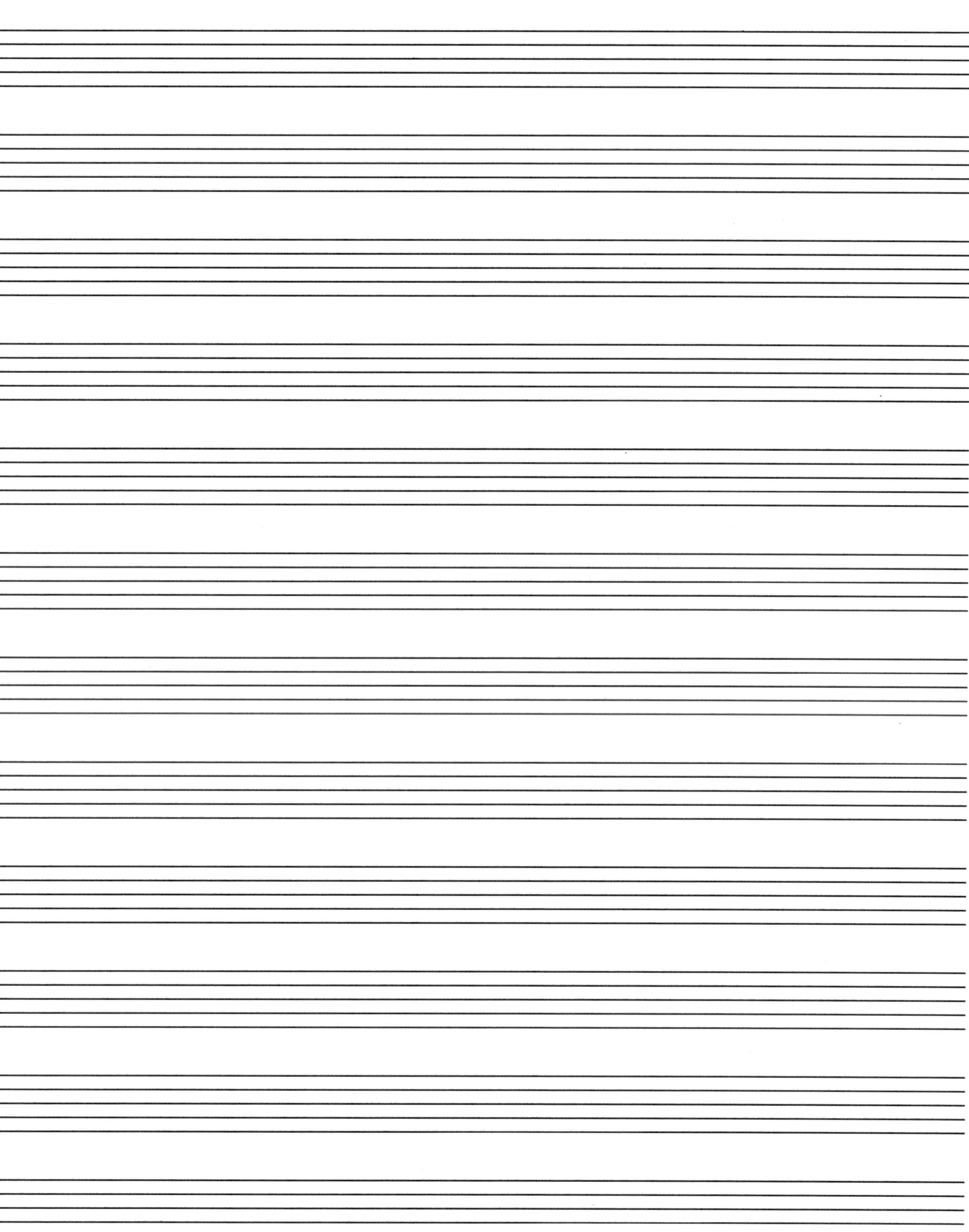

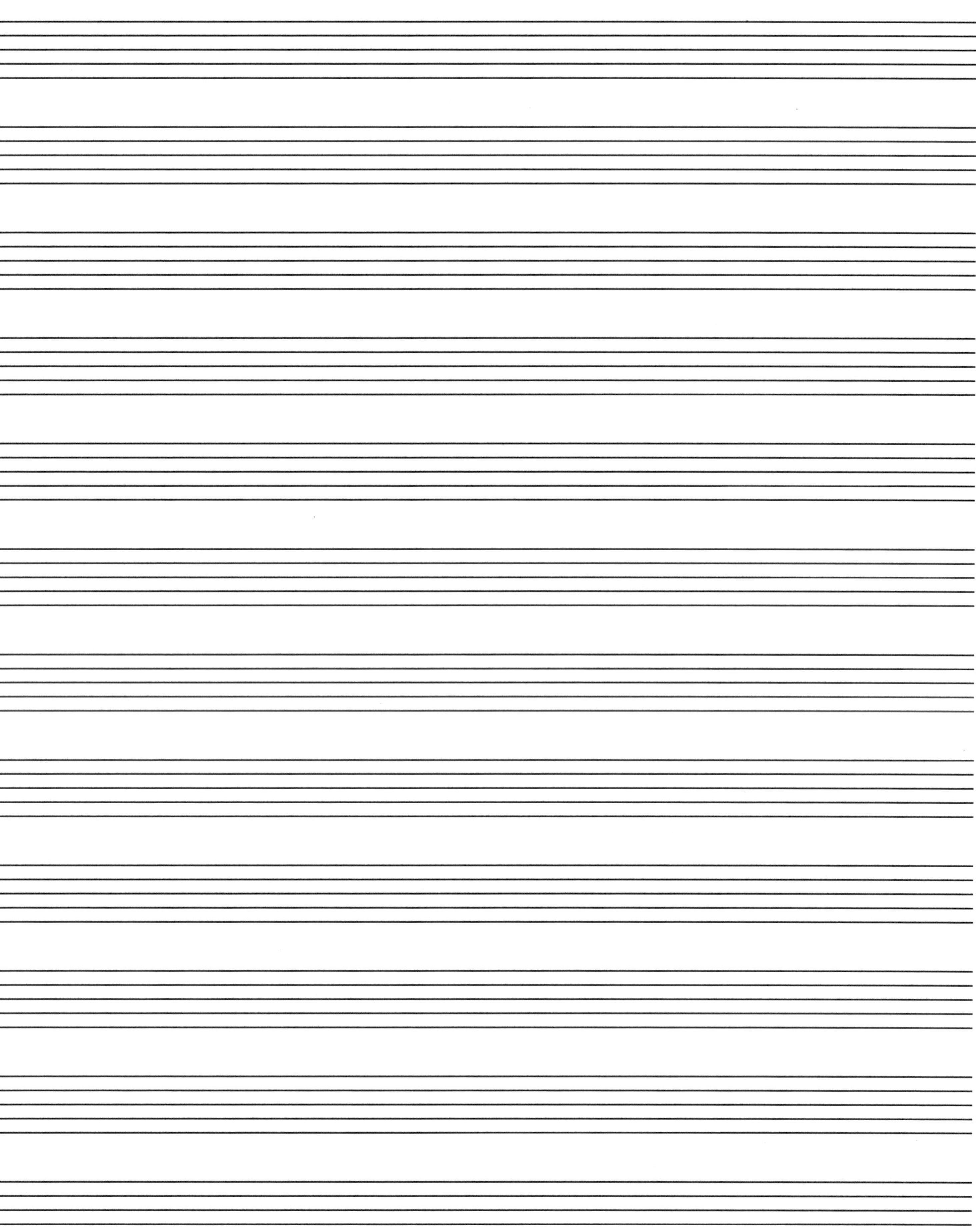

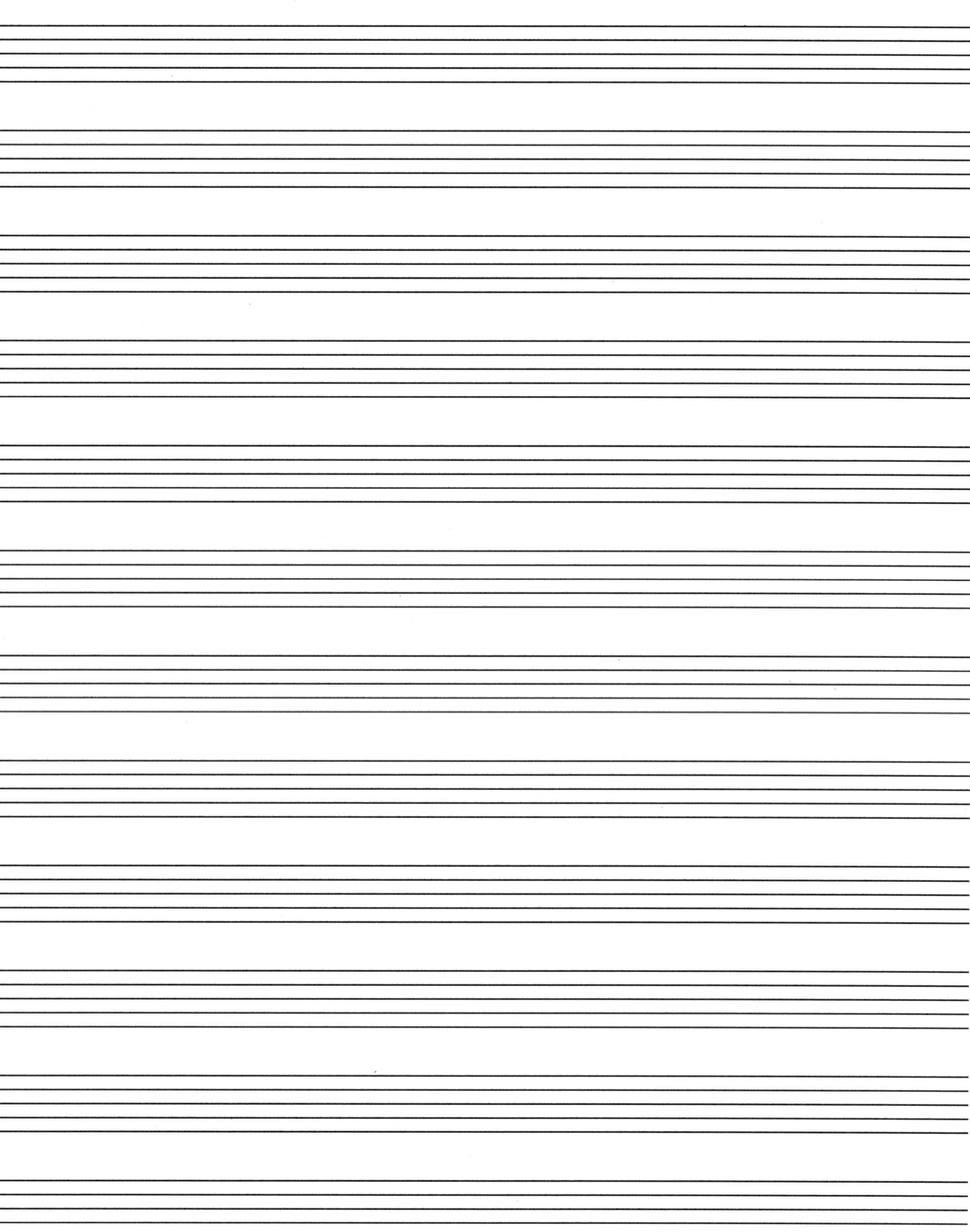

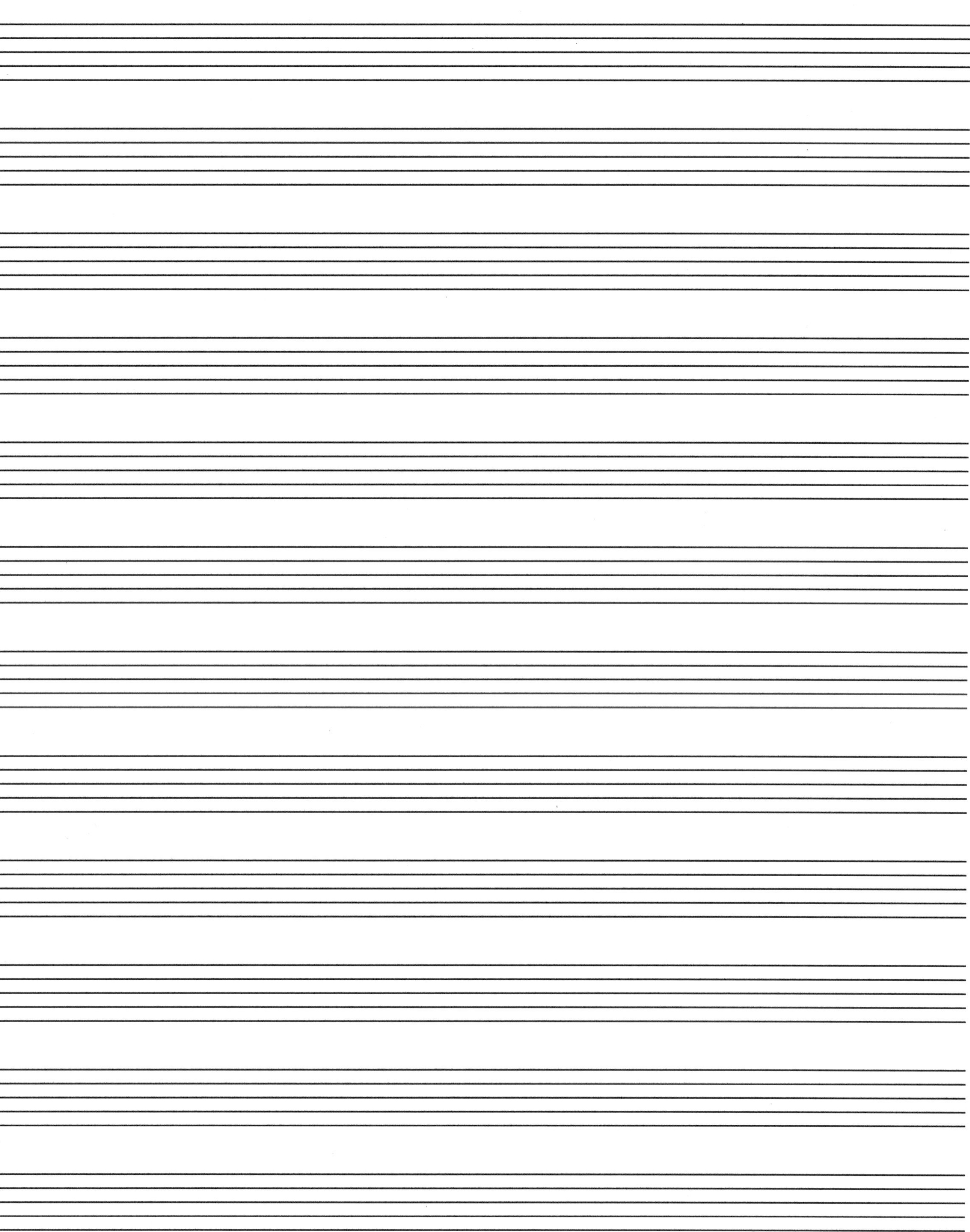

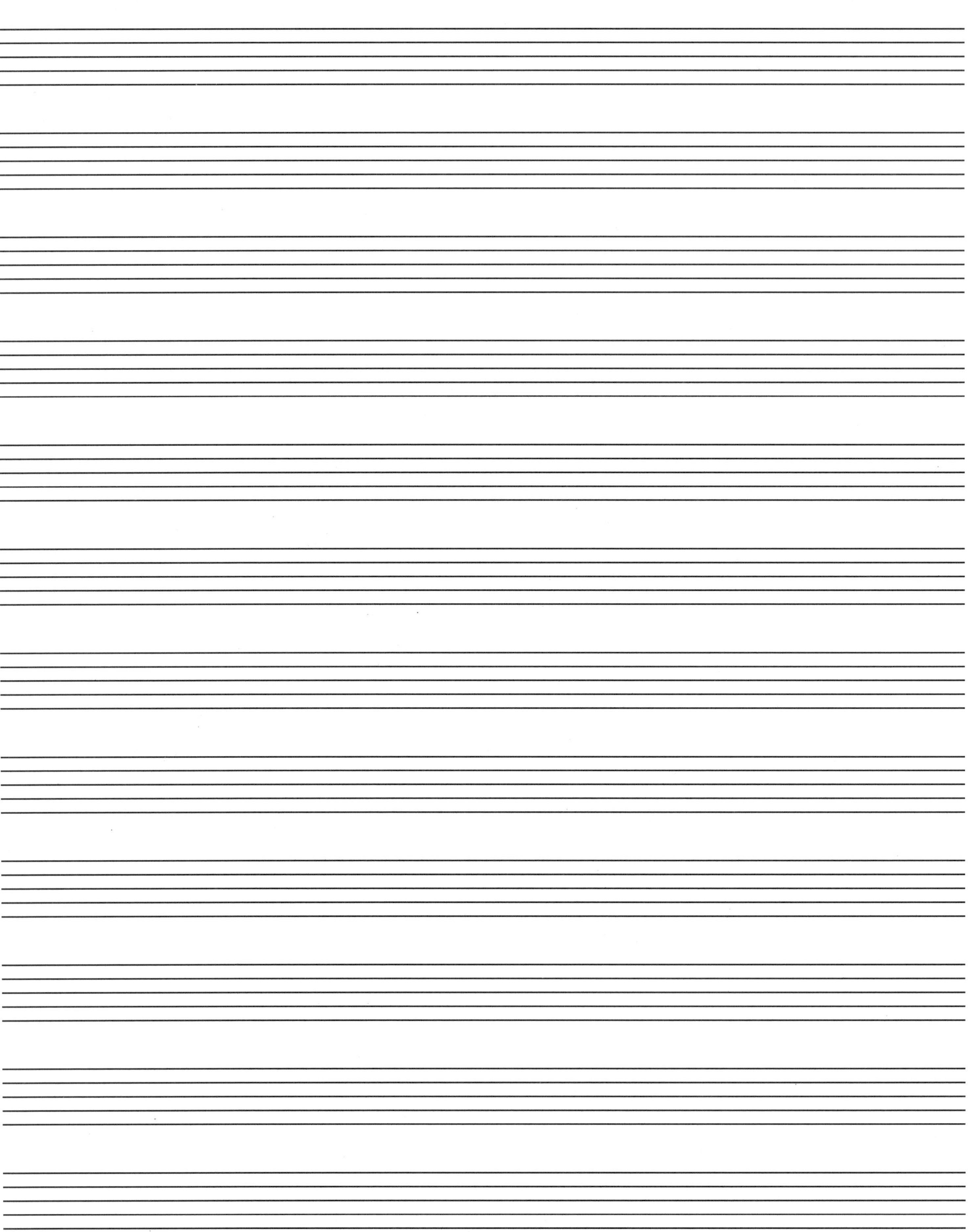

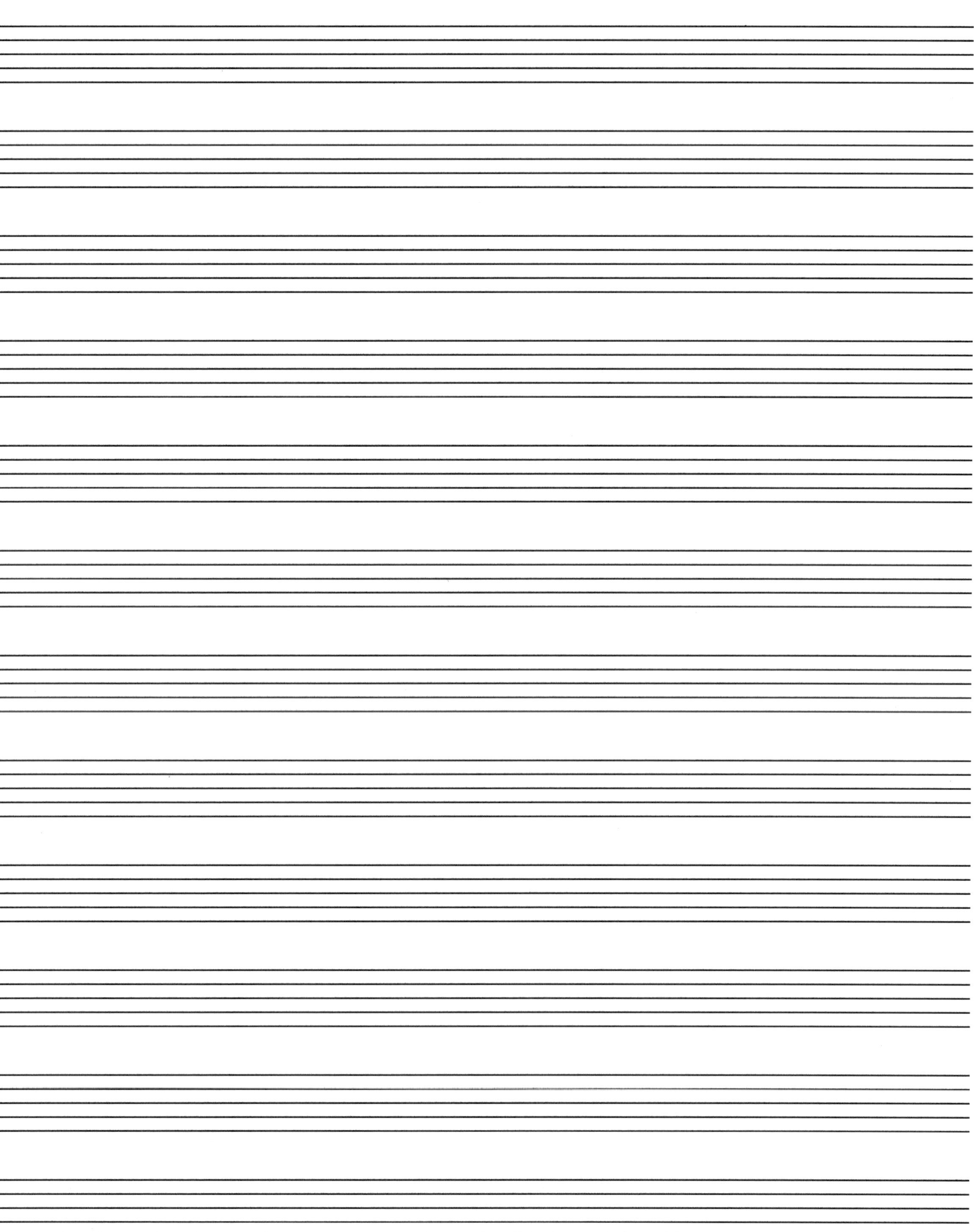

HL00210003

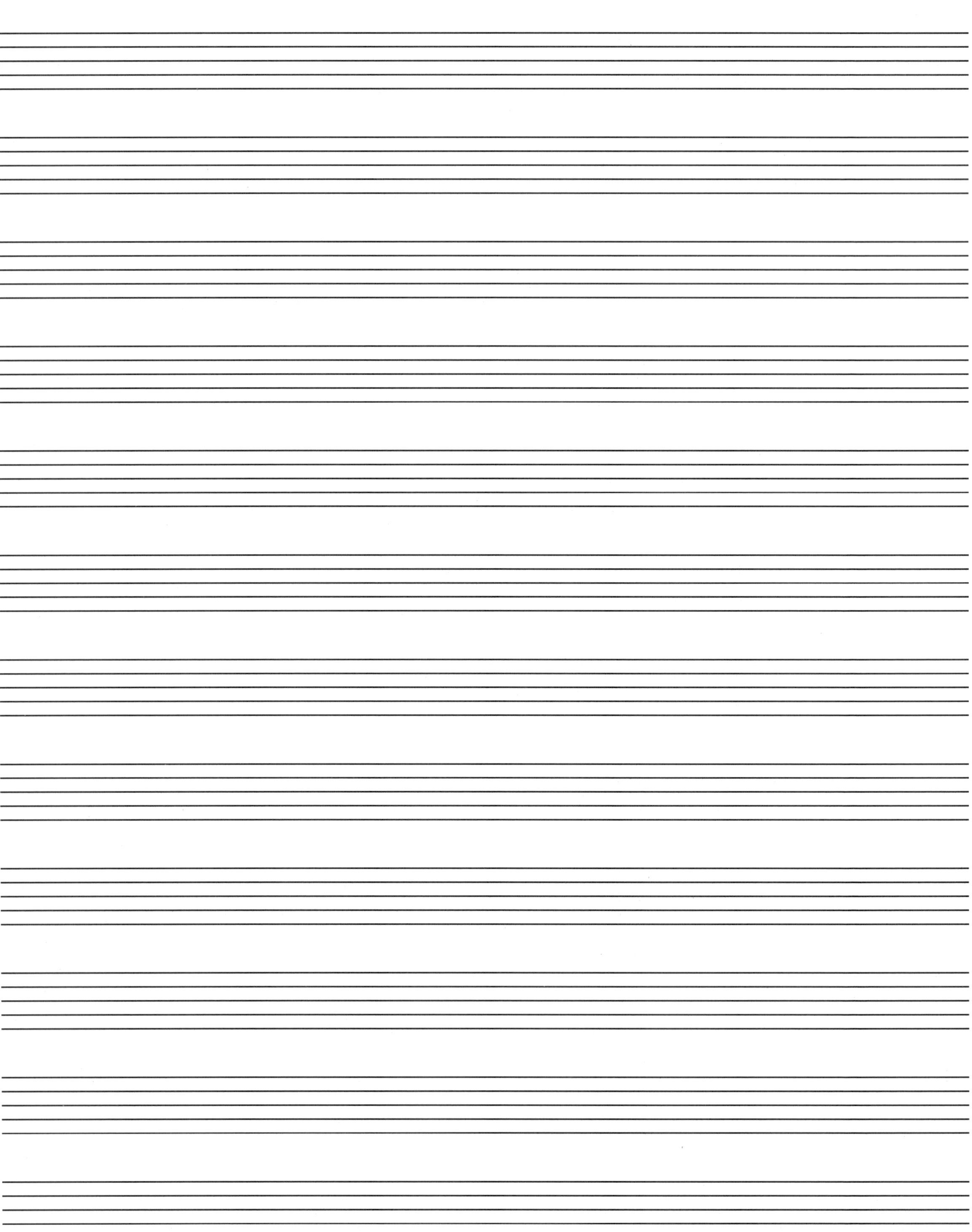

HL00210003

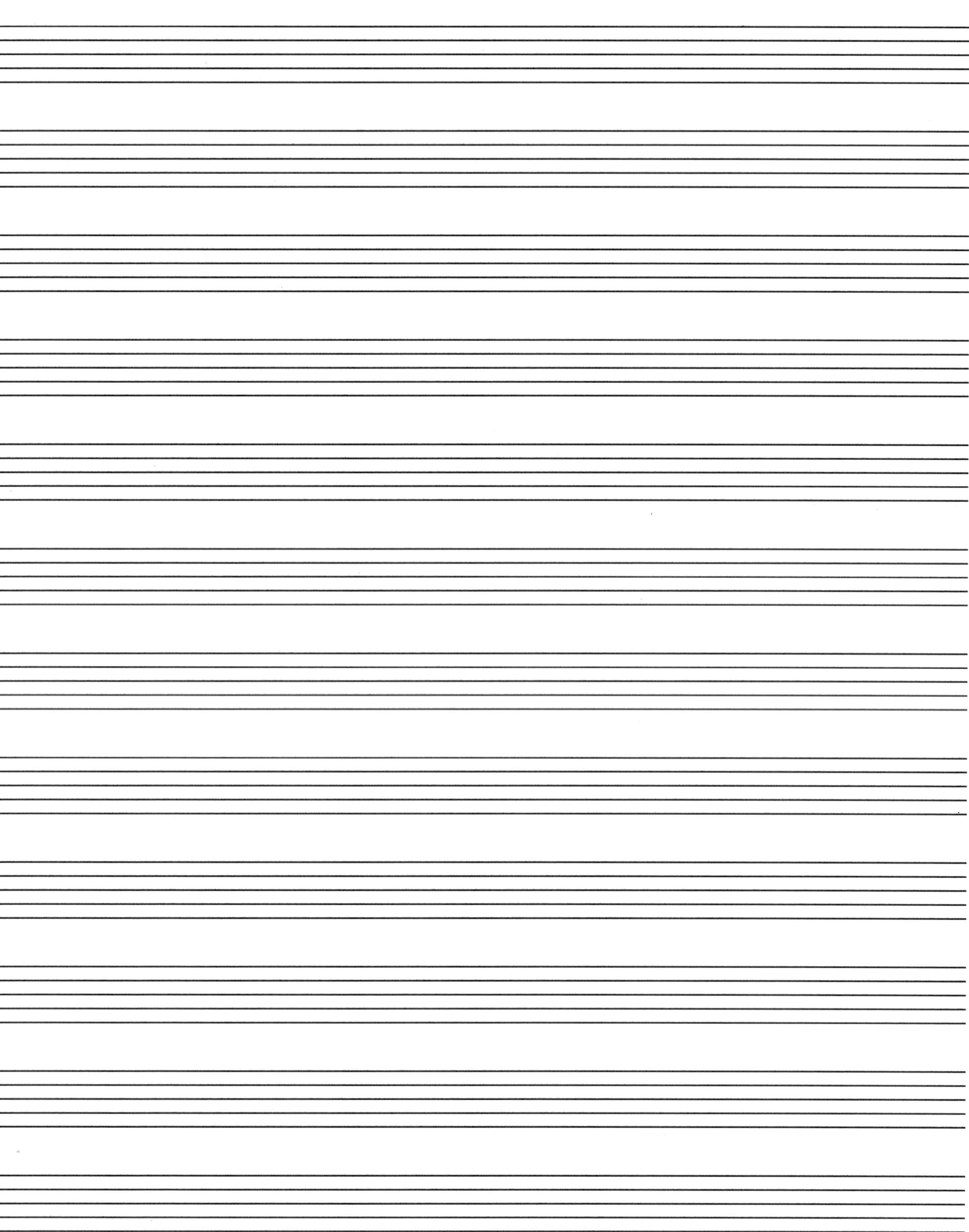

HL00210003

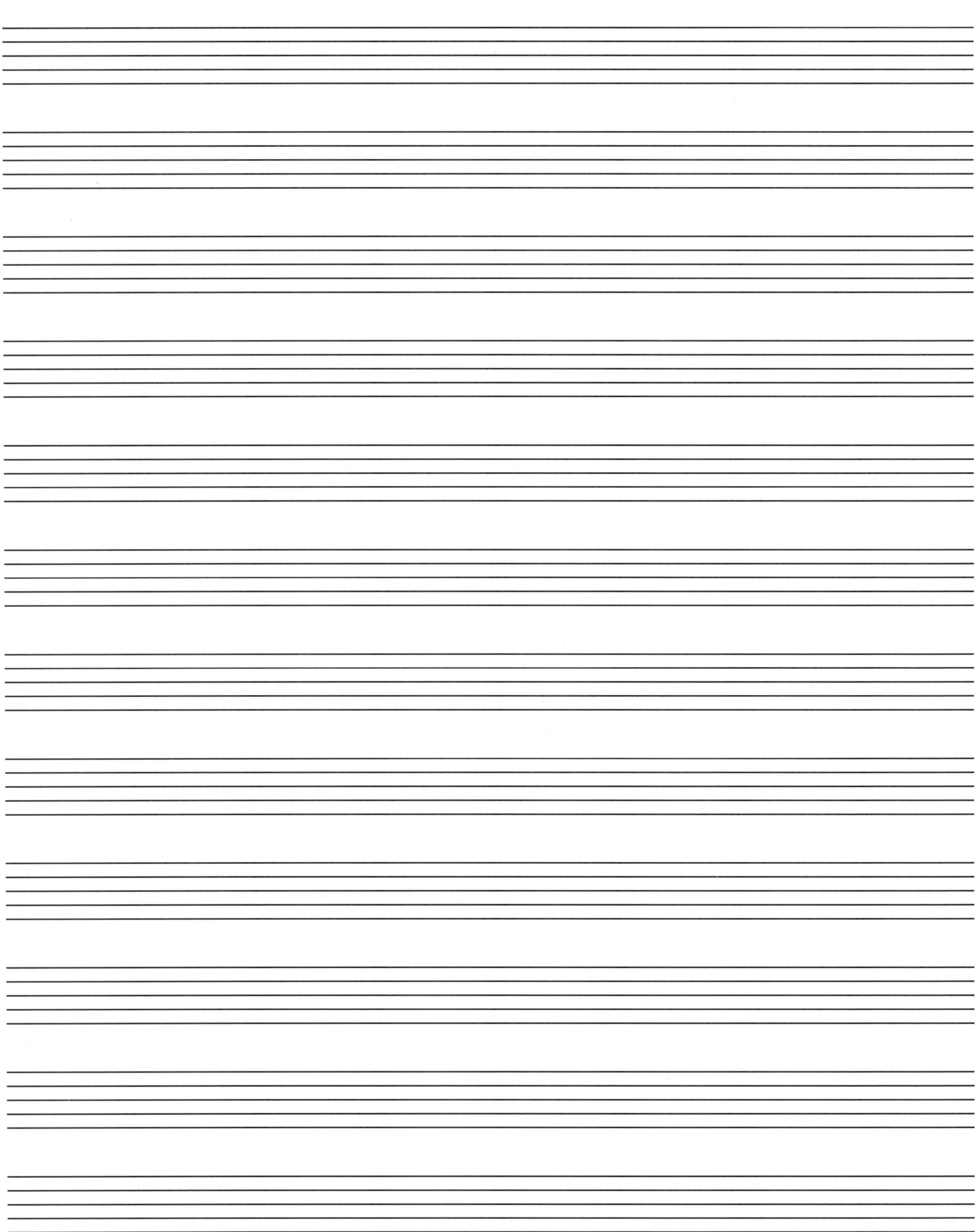

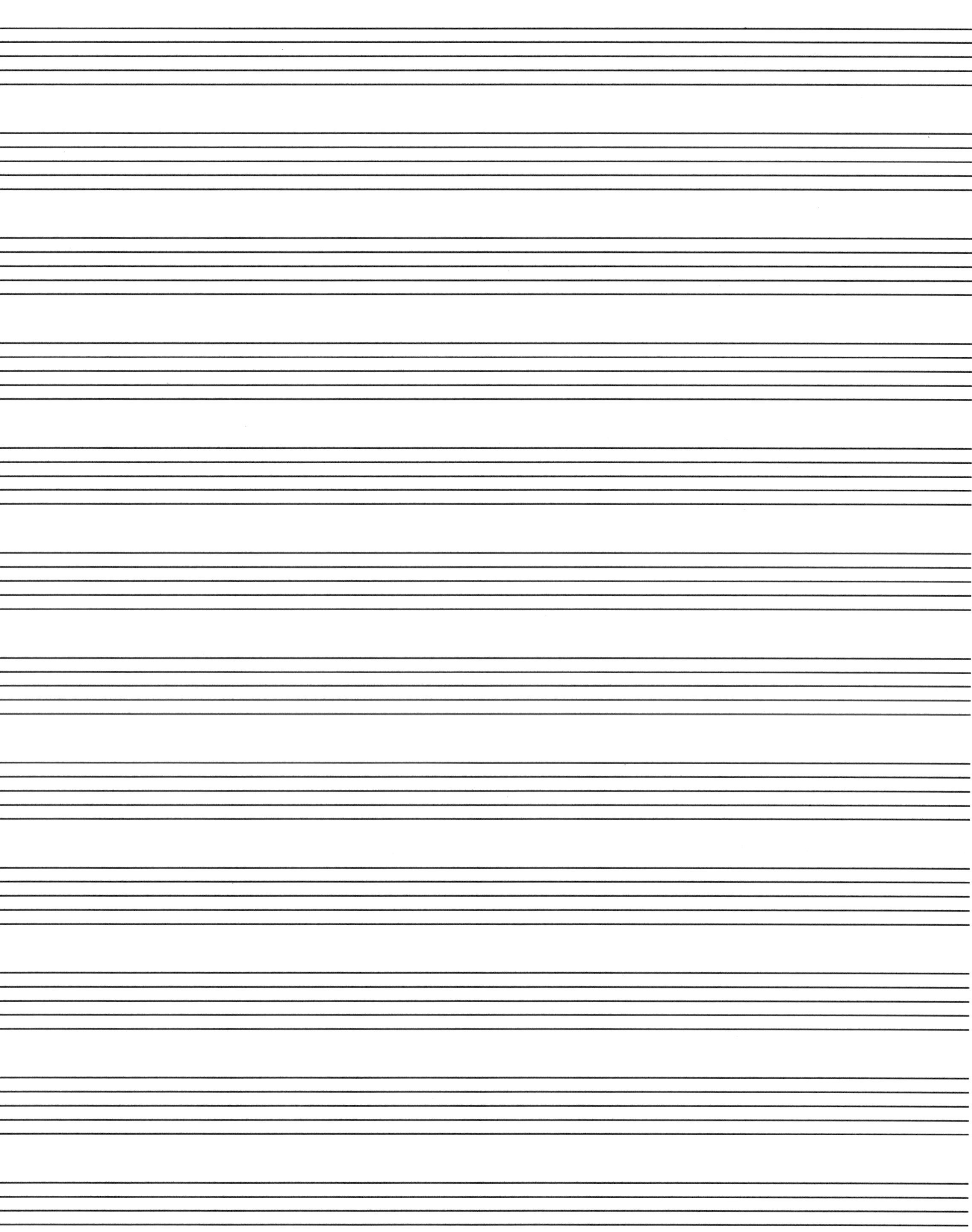

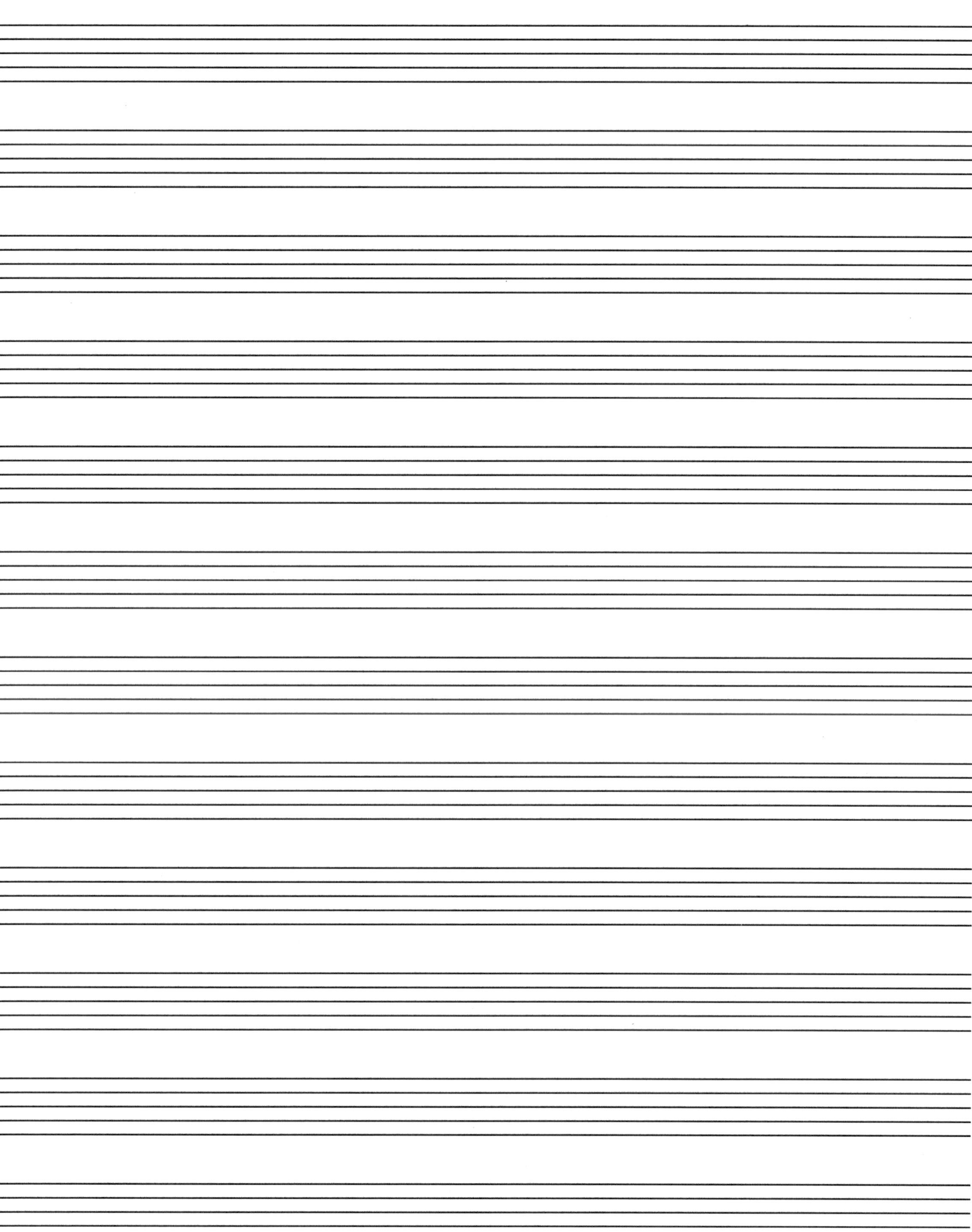

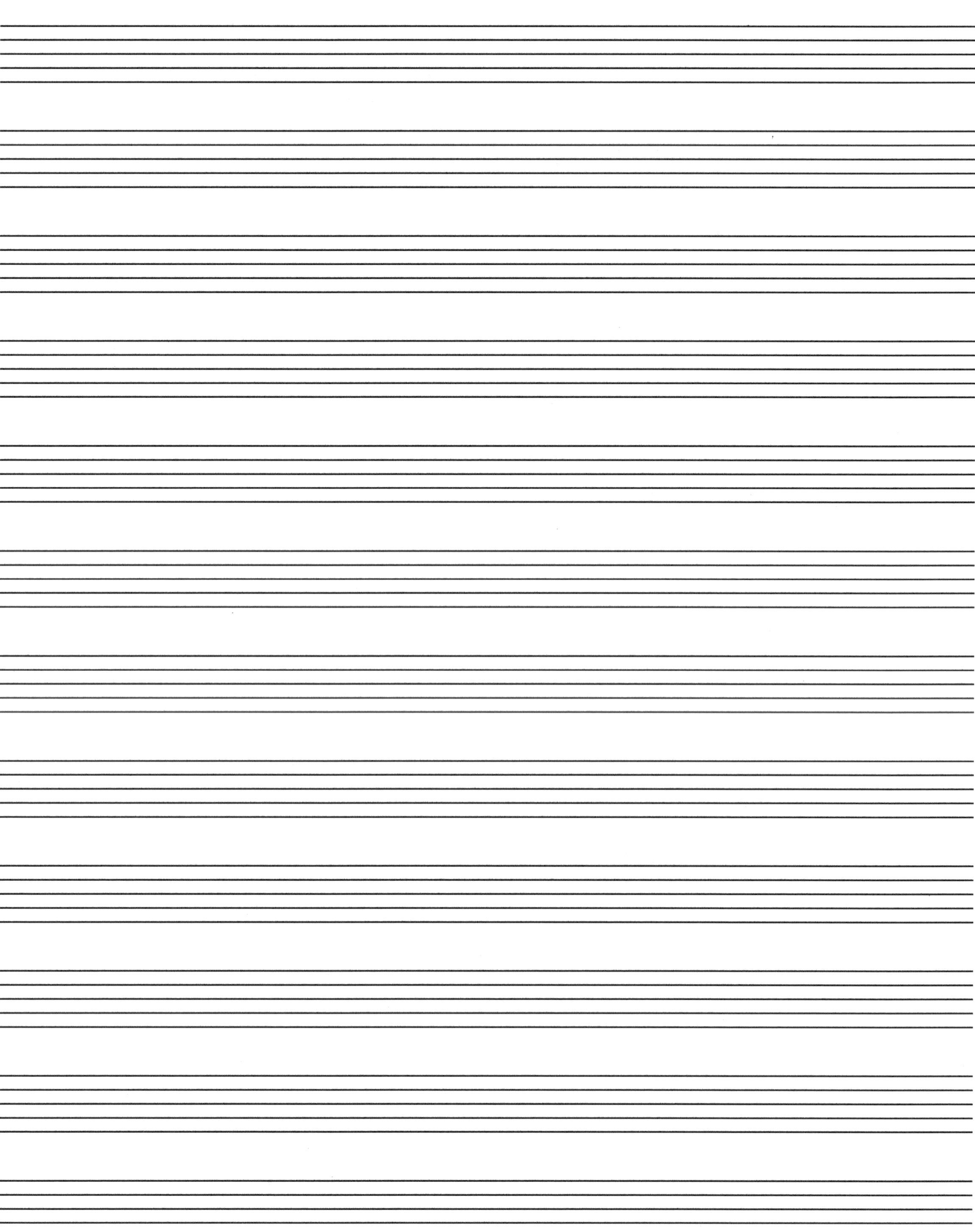

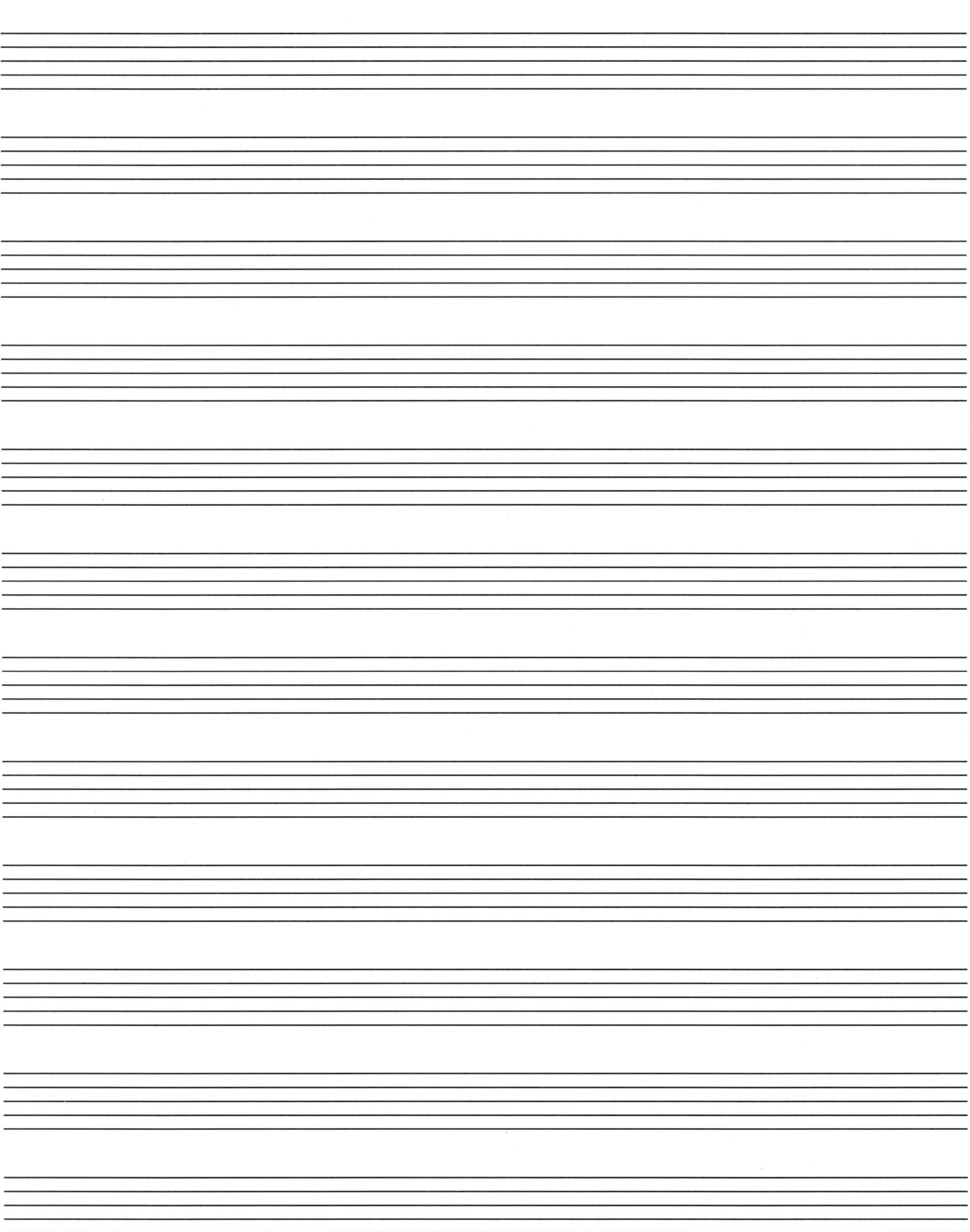

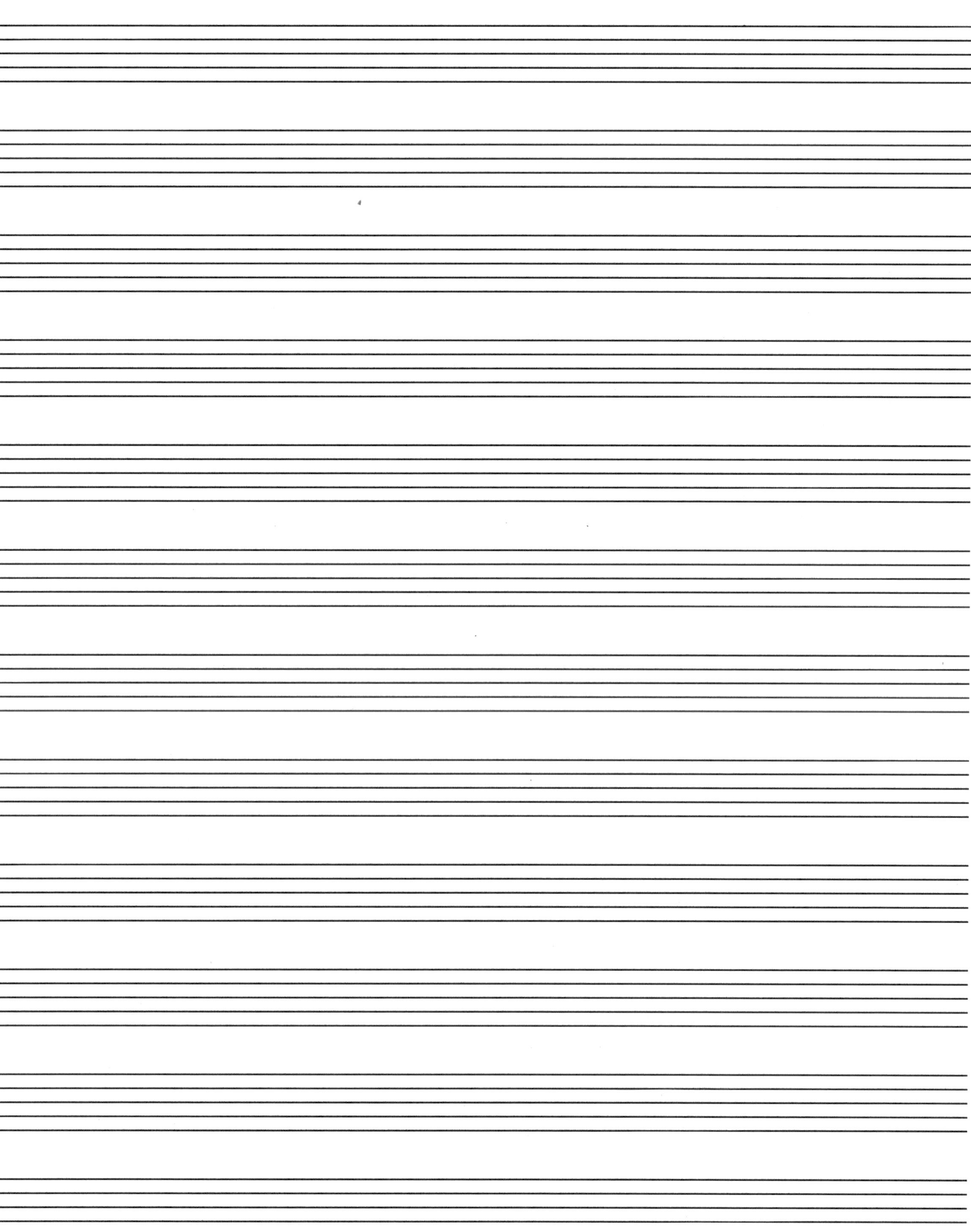

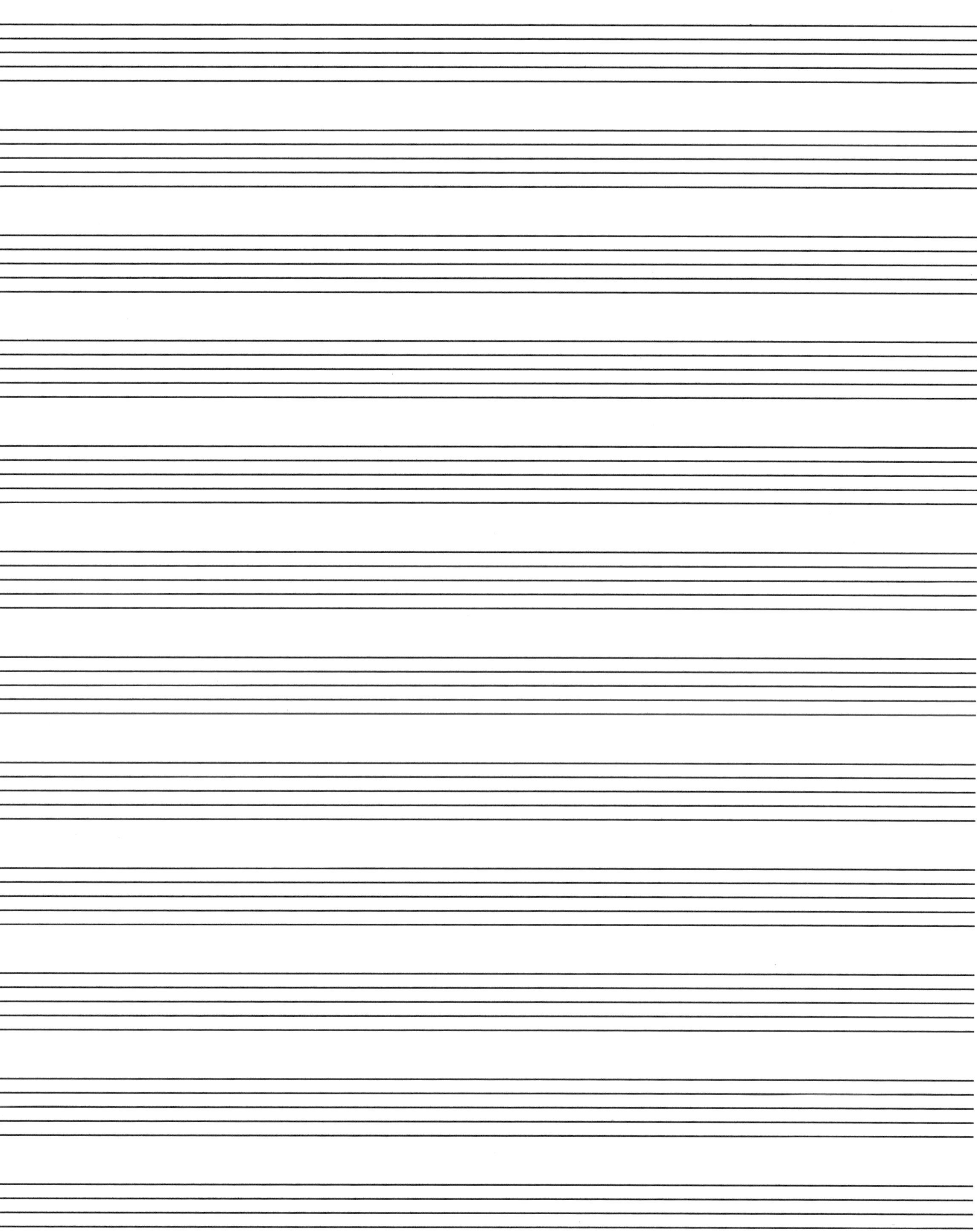

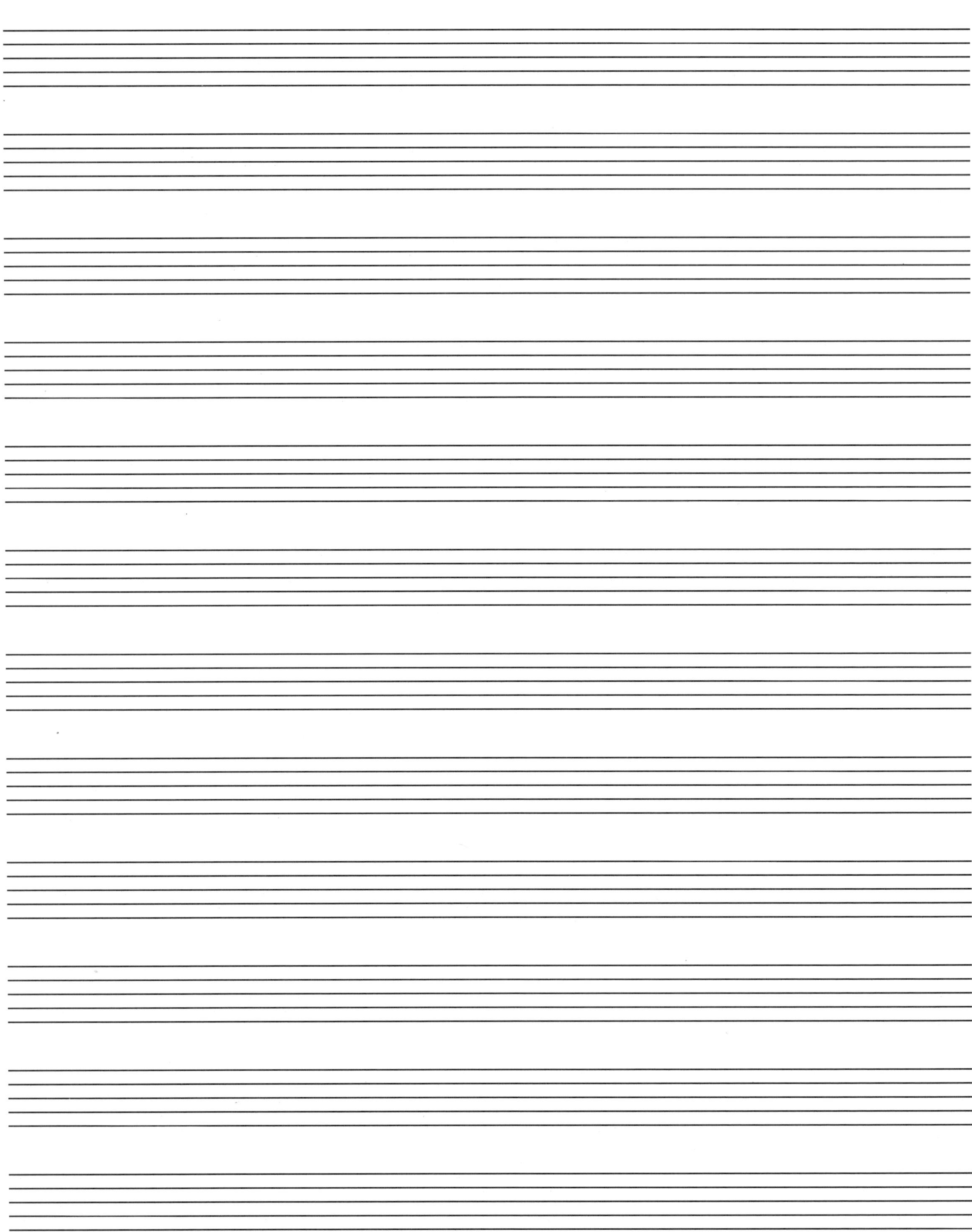

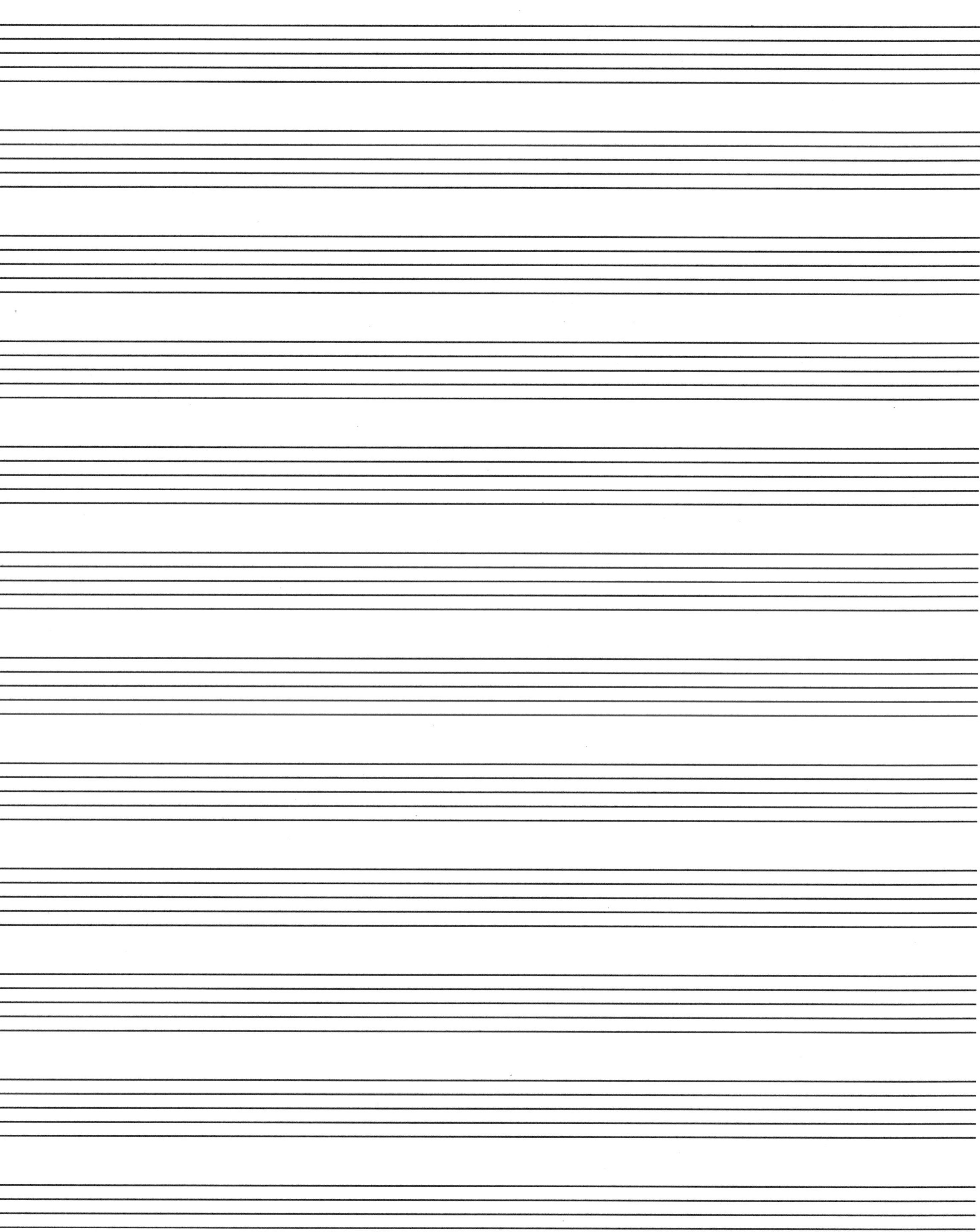

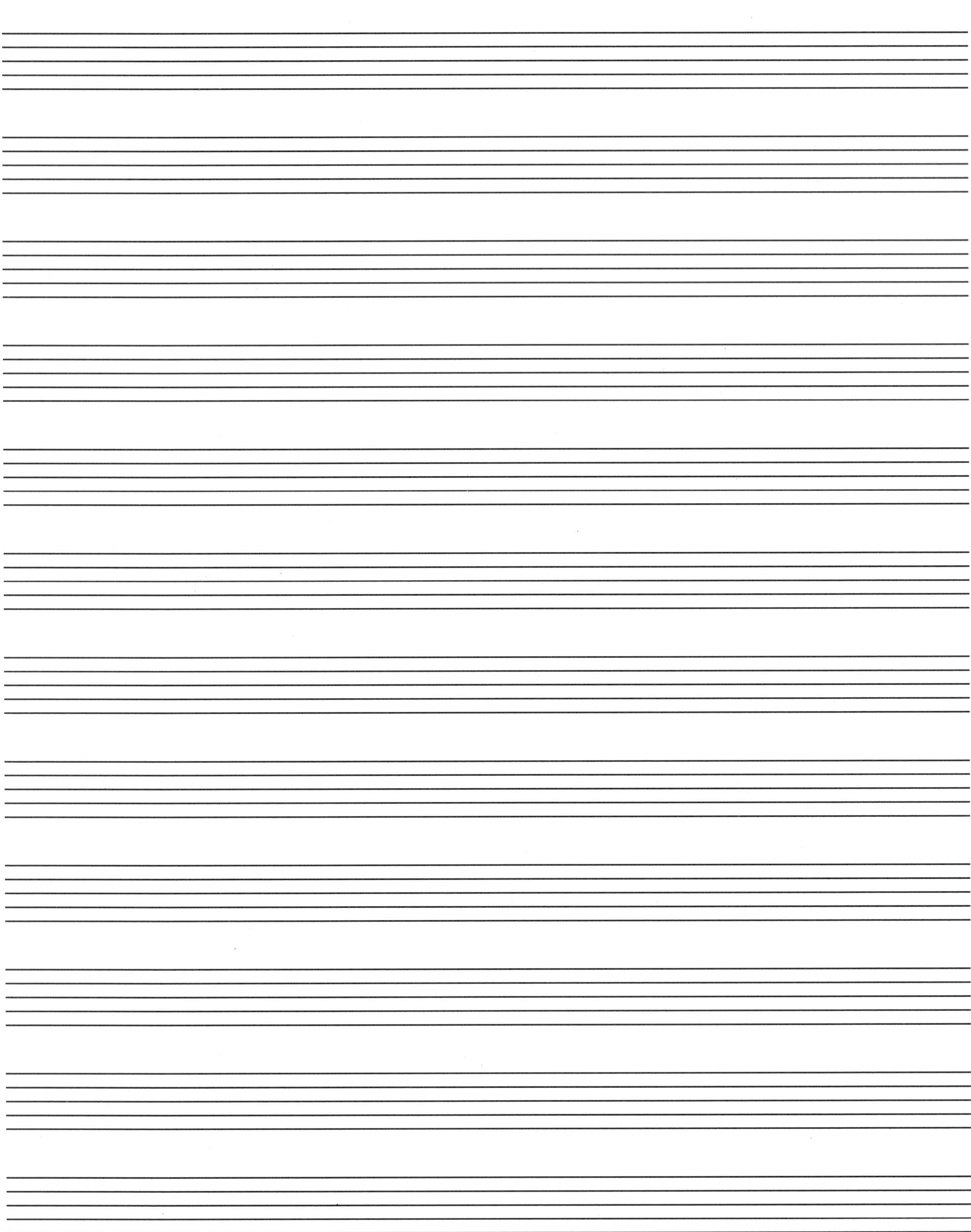

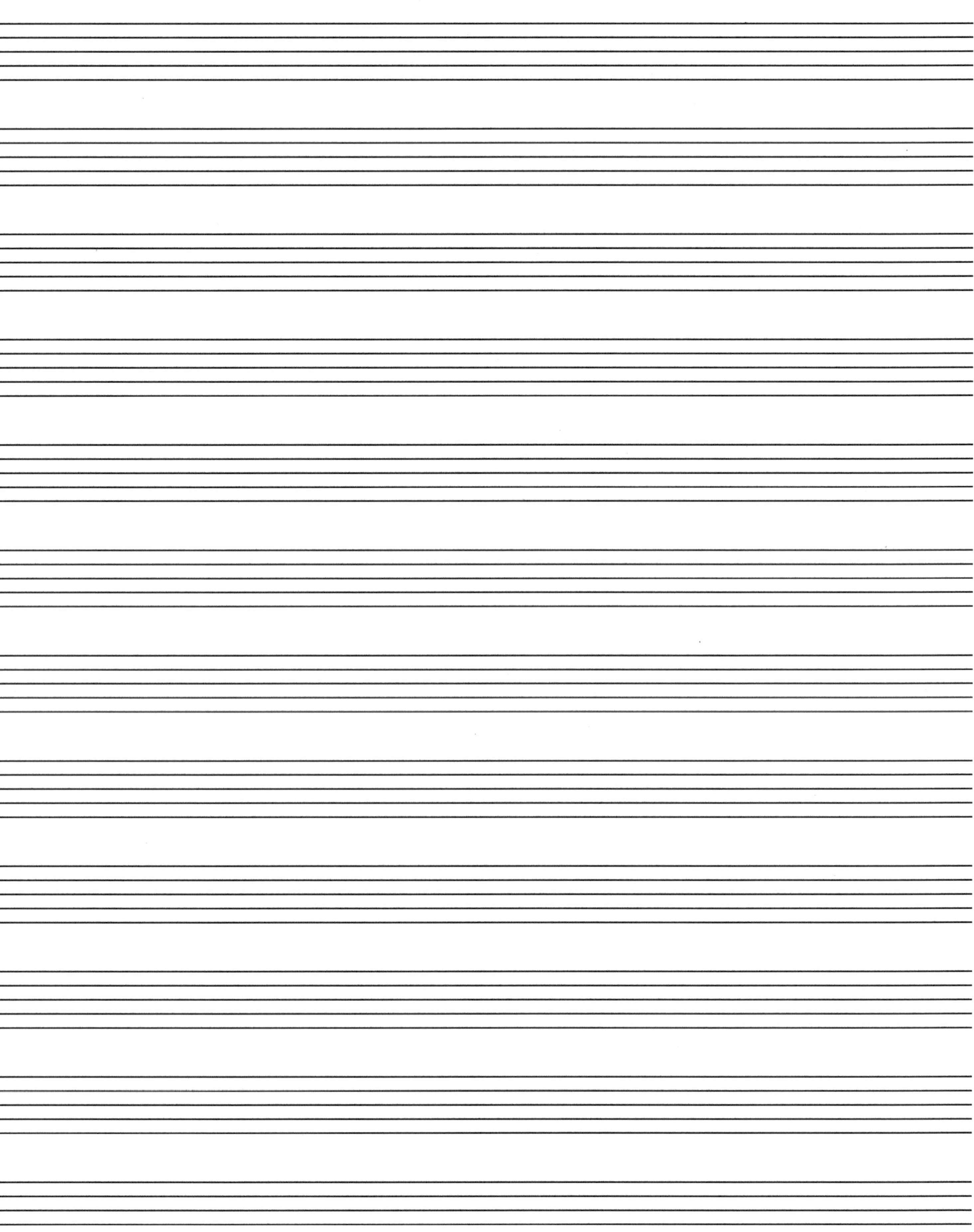

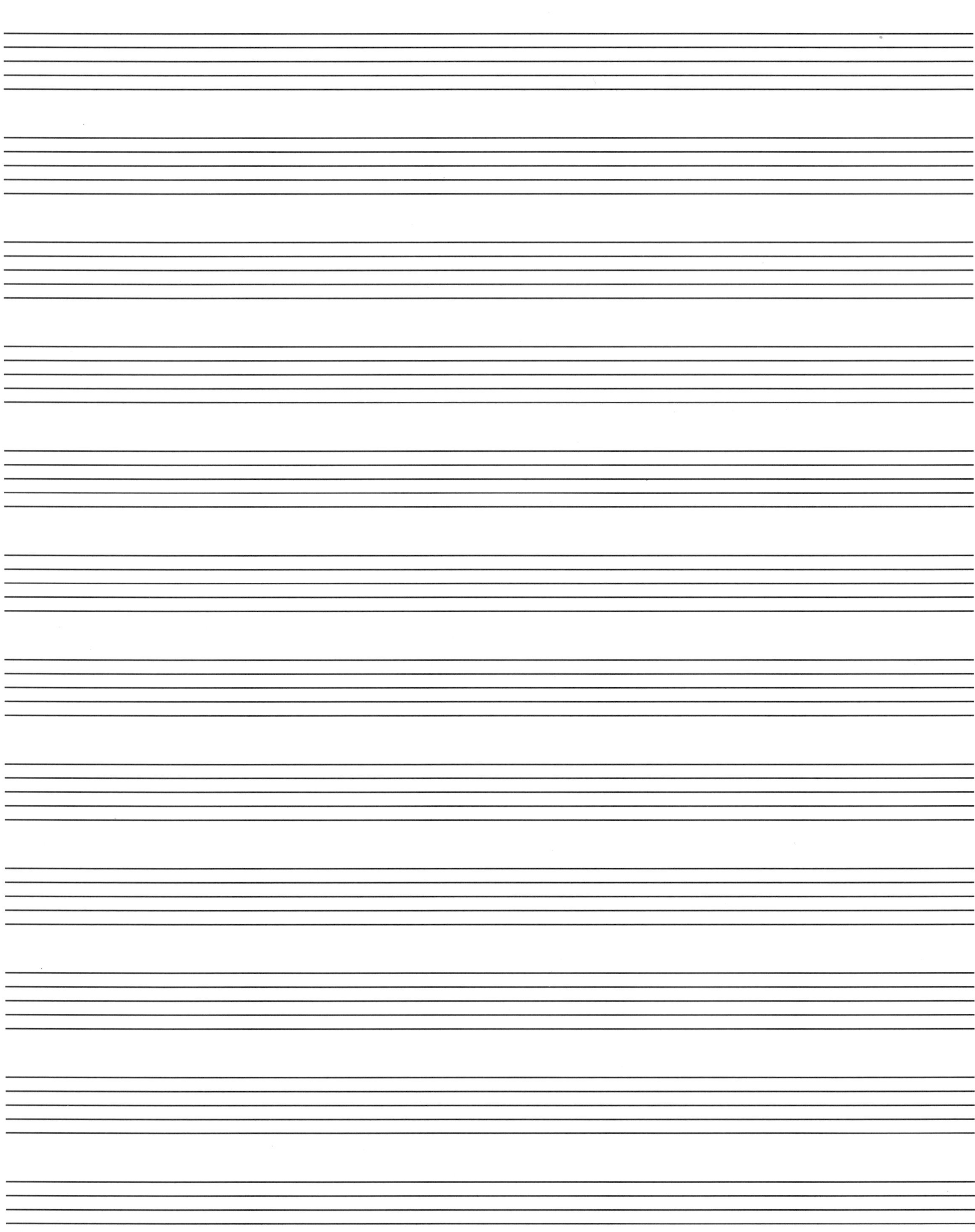

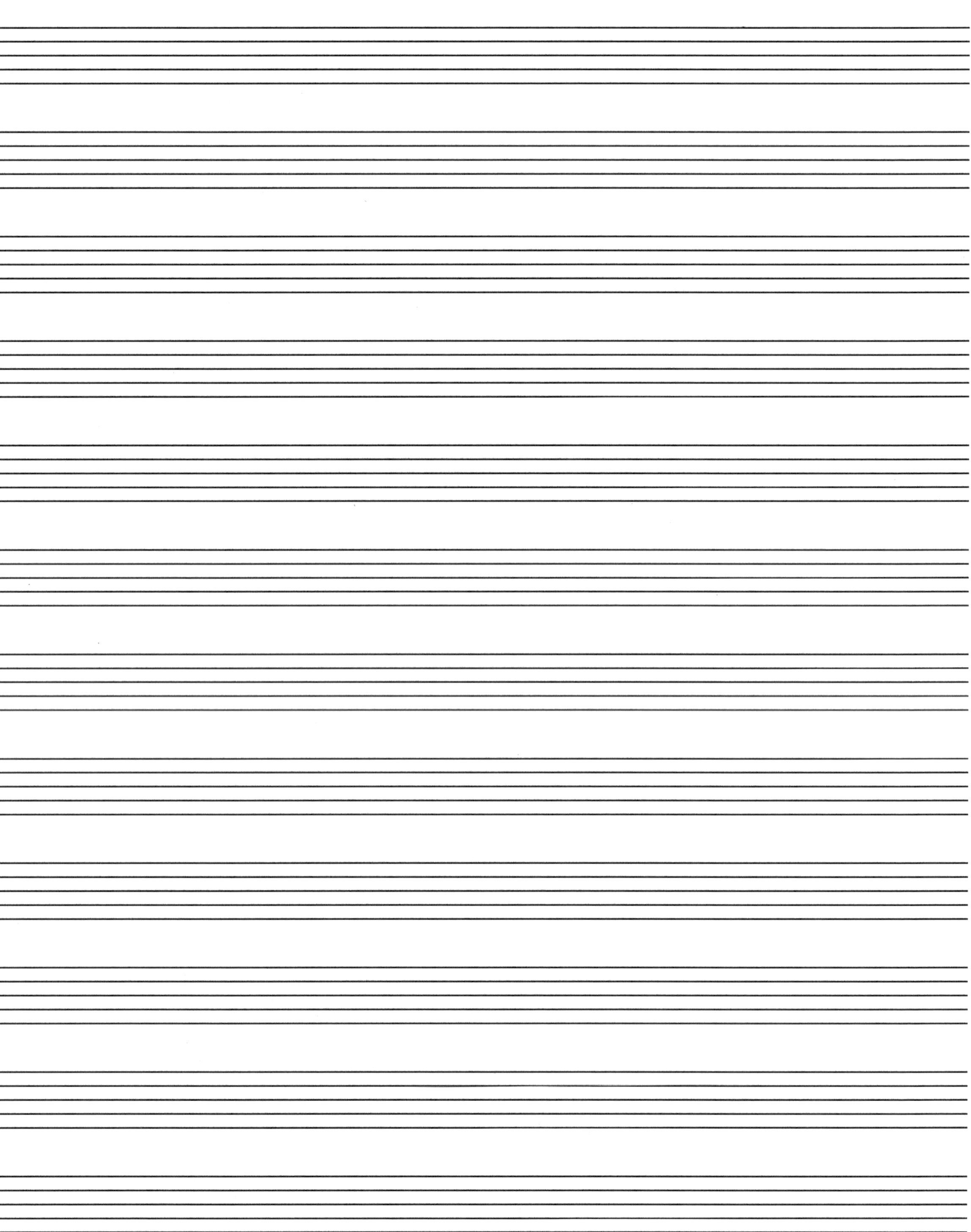

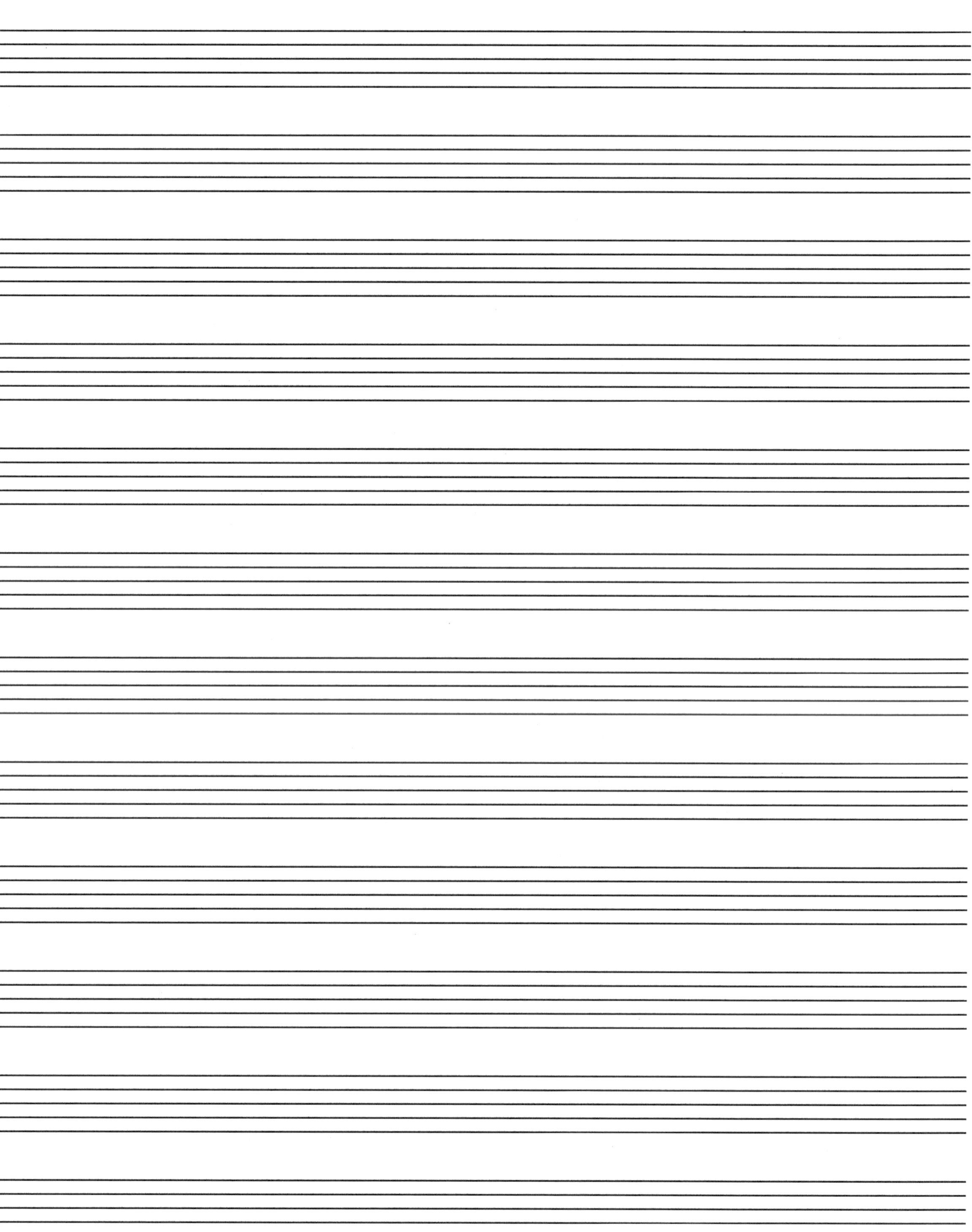

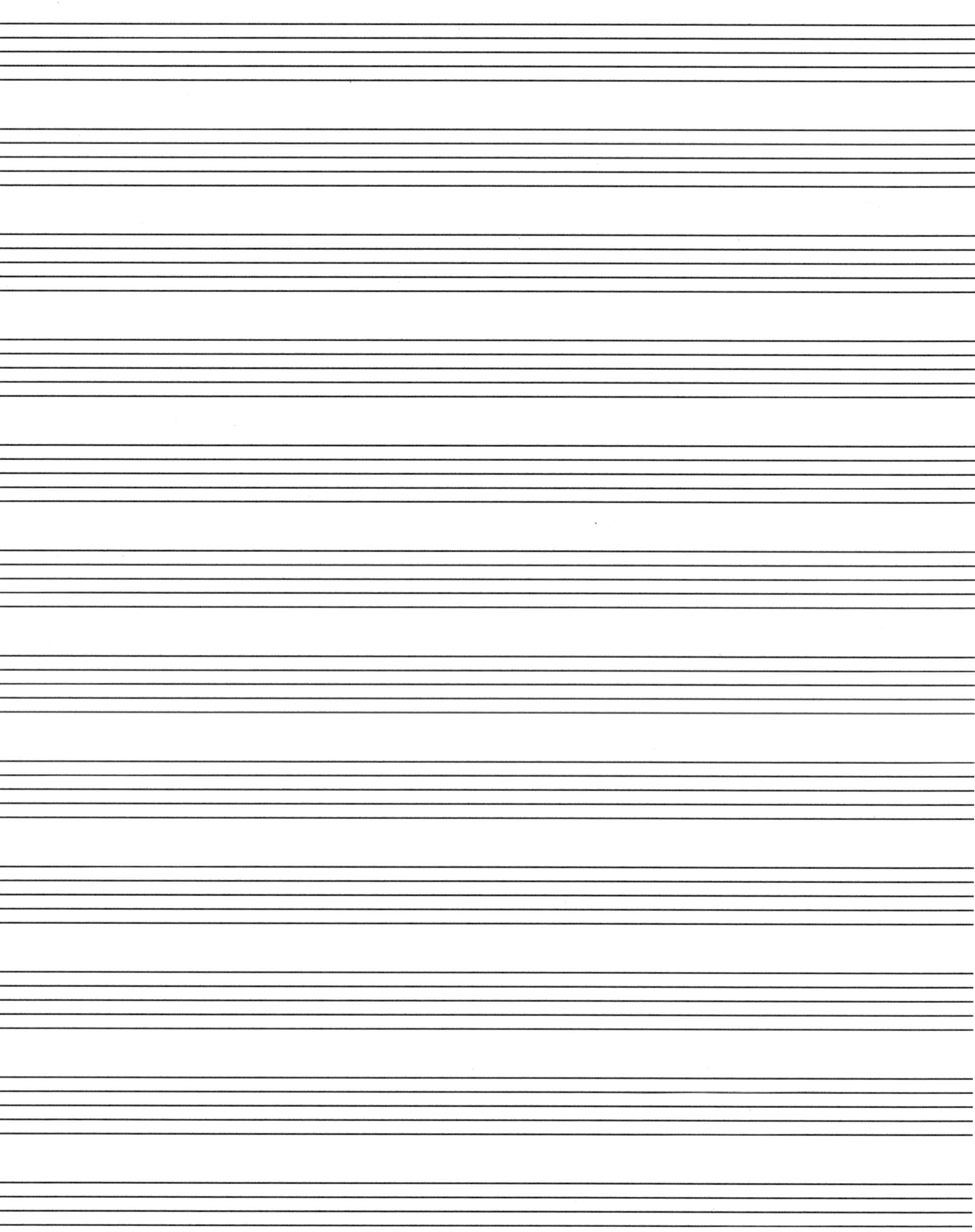

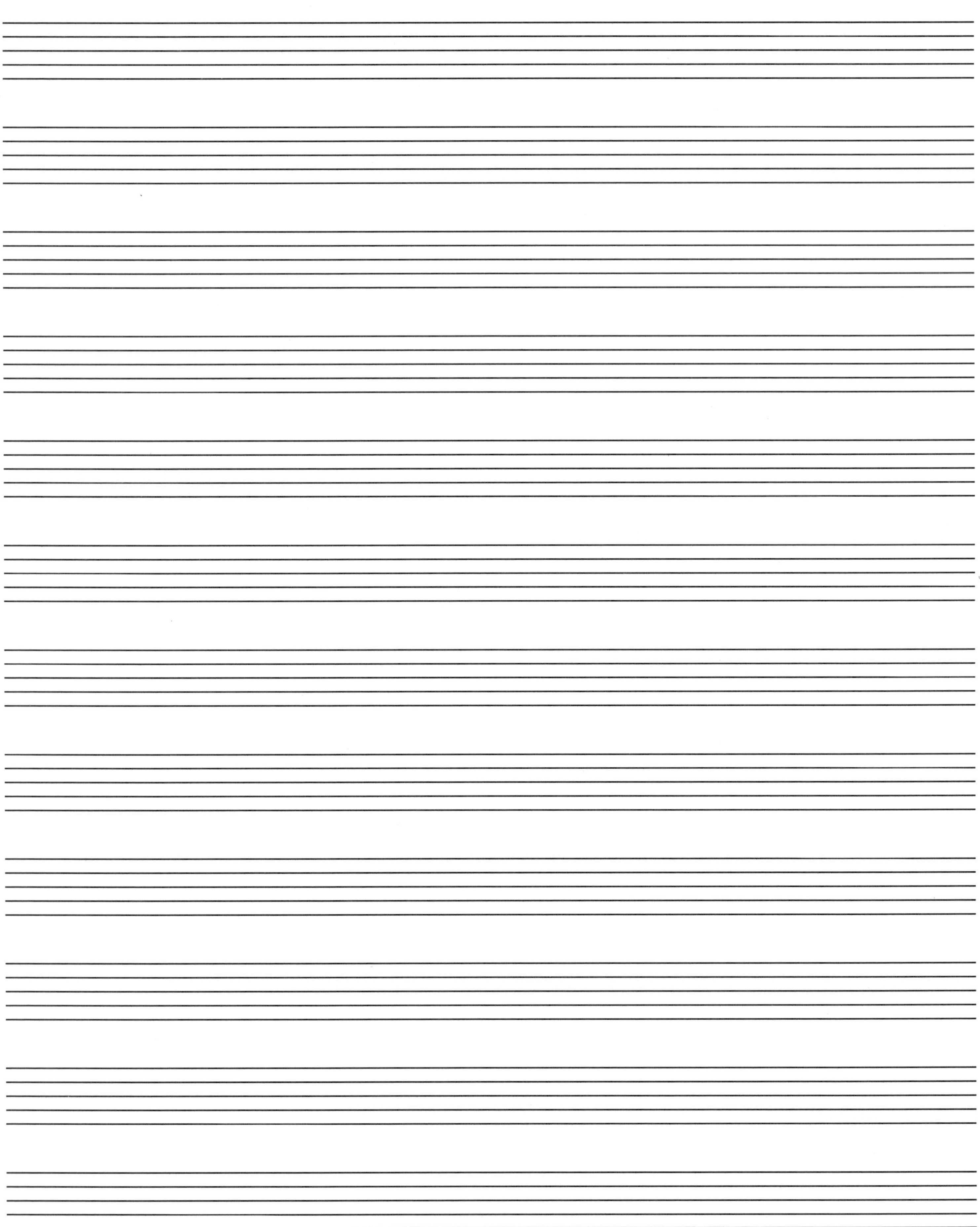

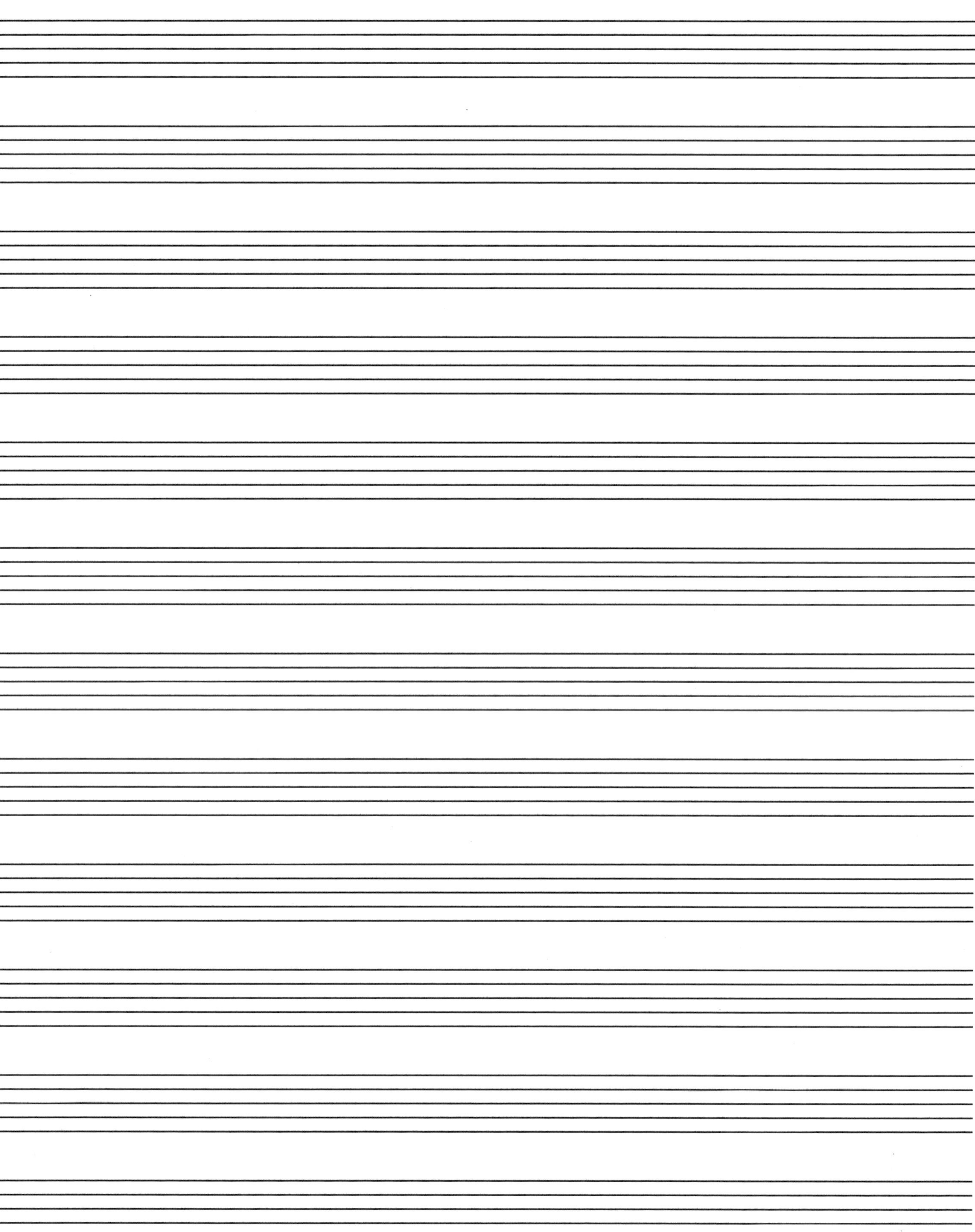

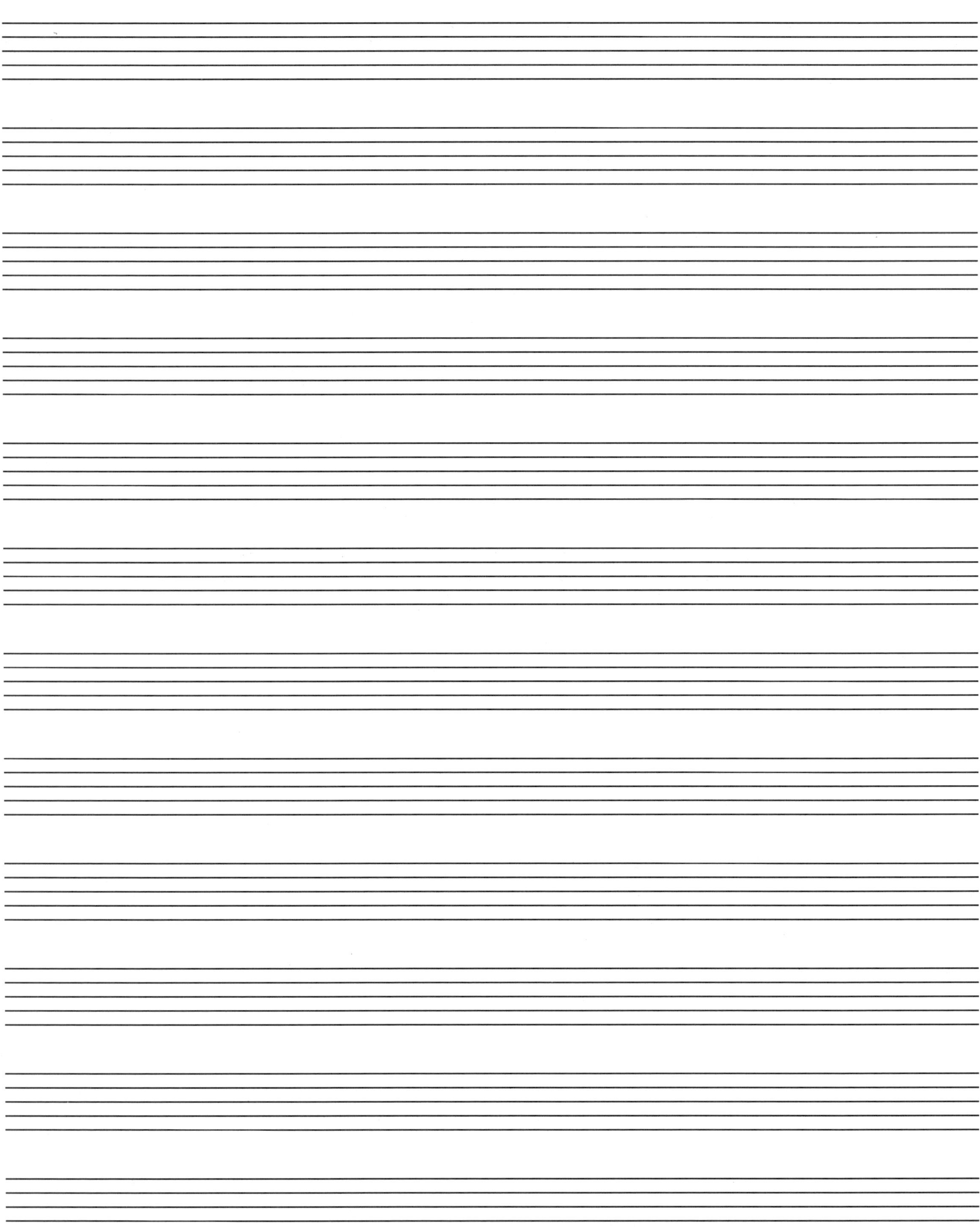

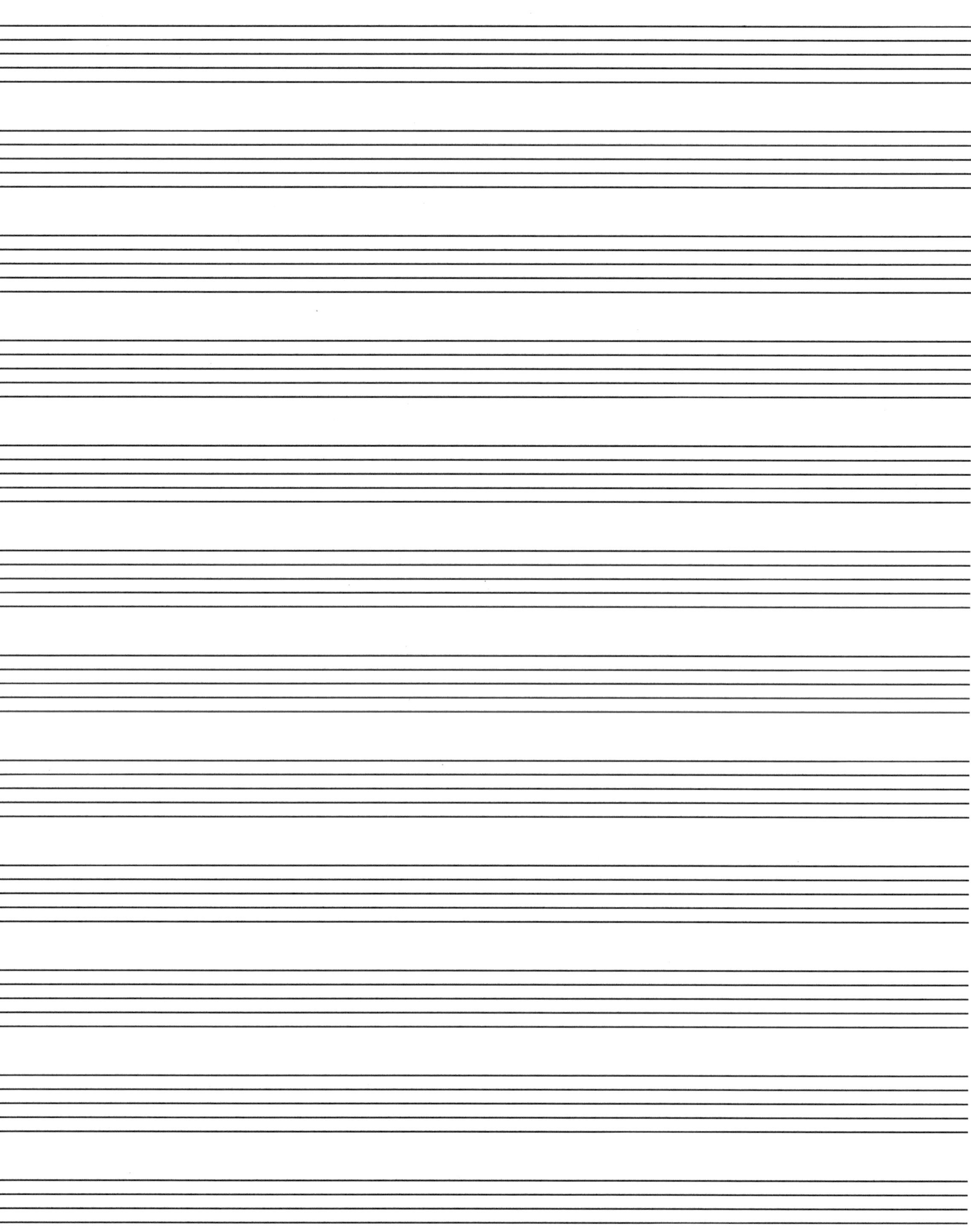

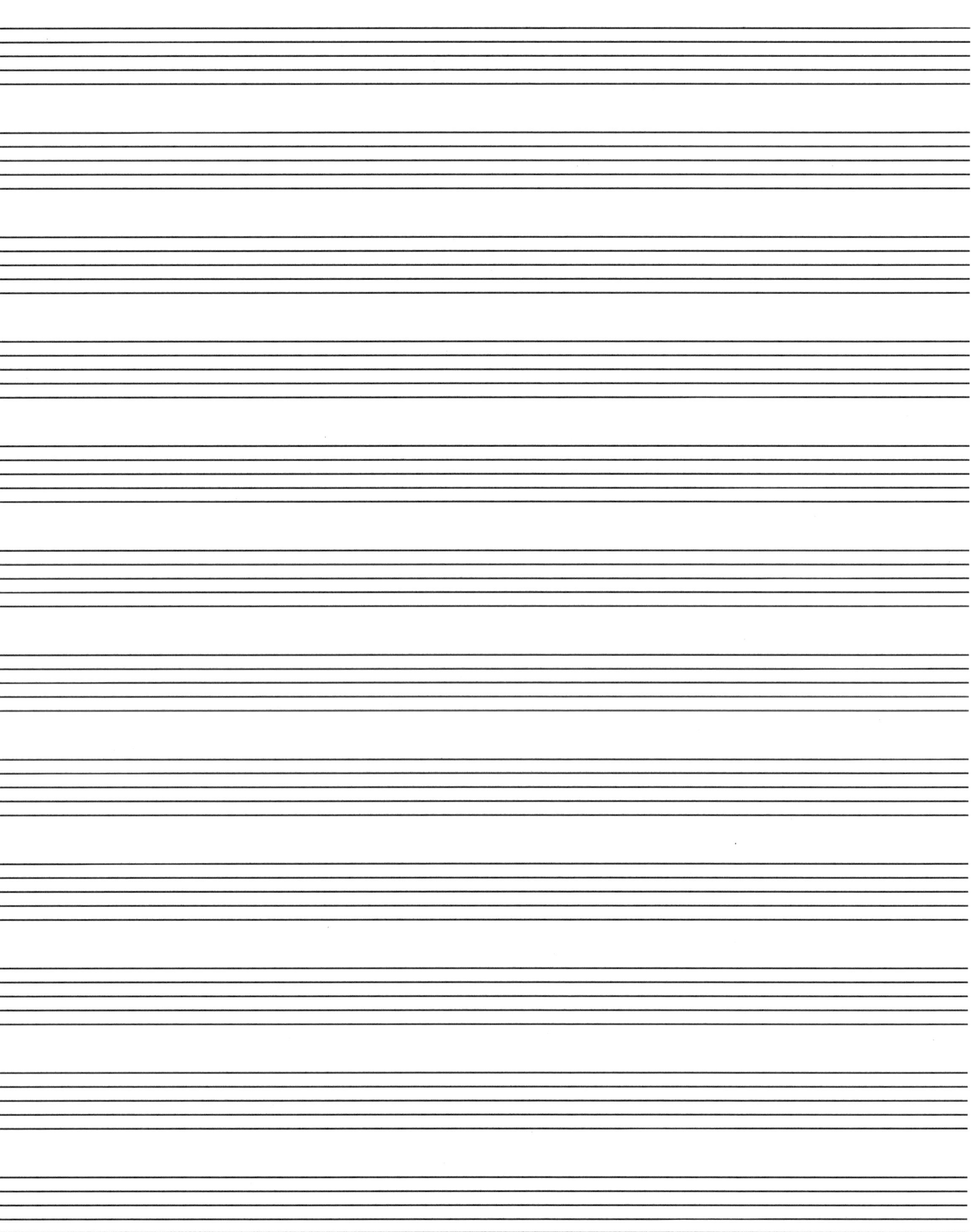

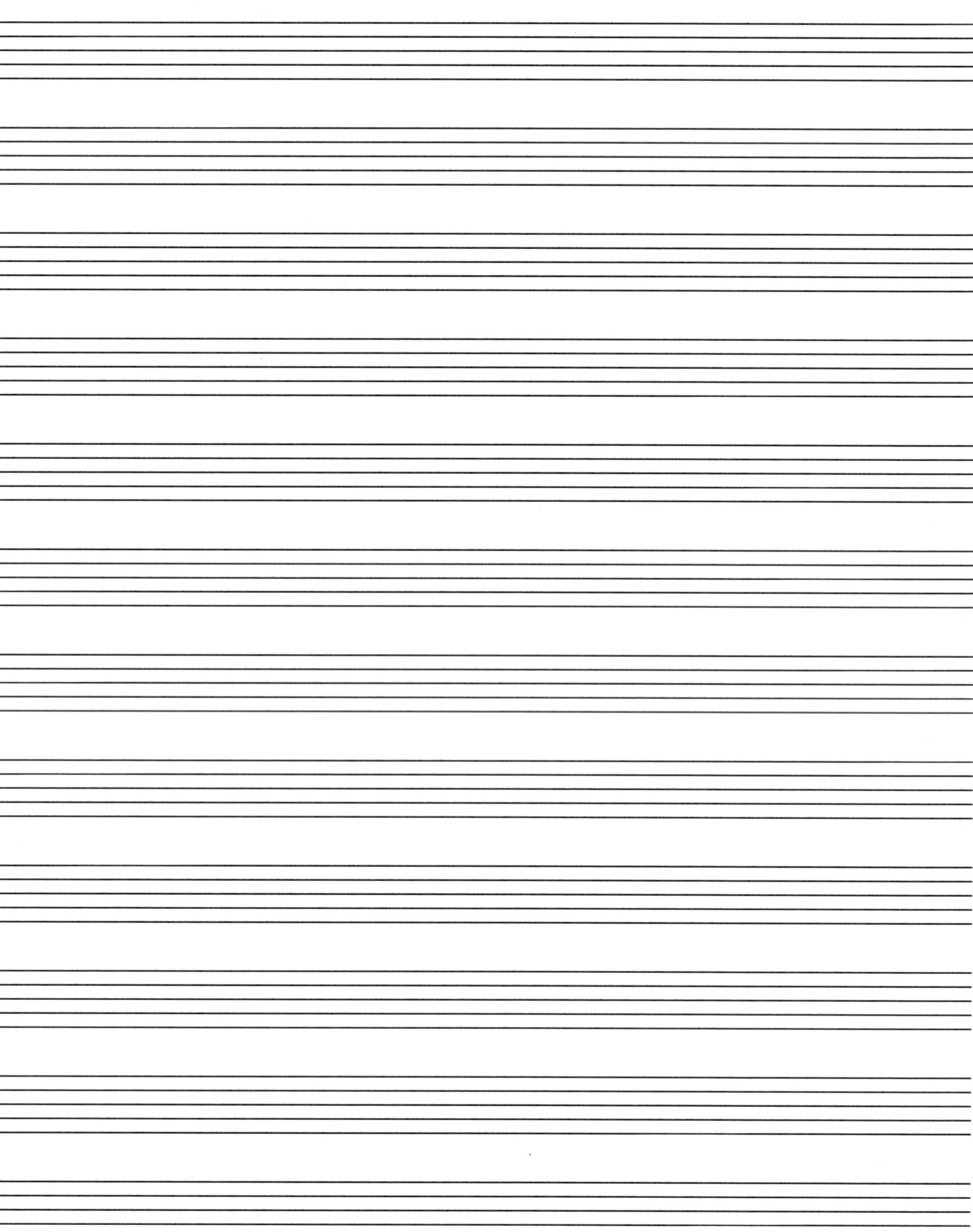

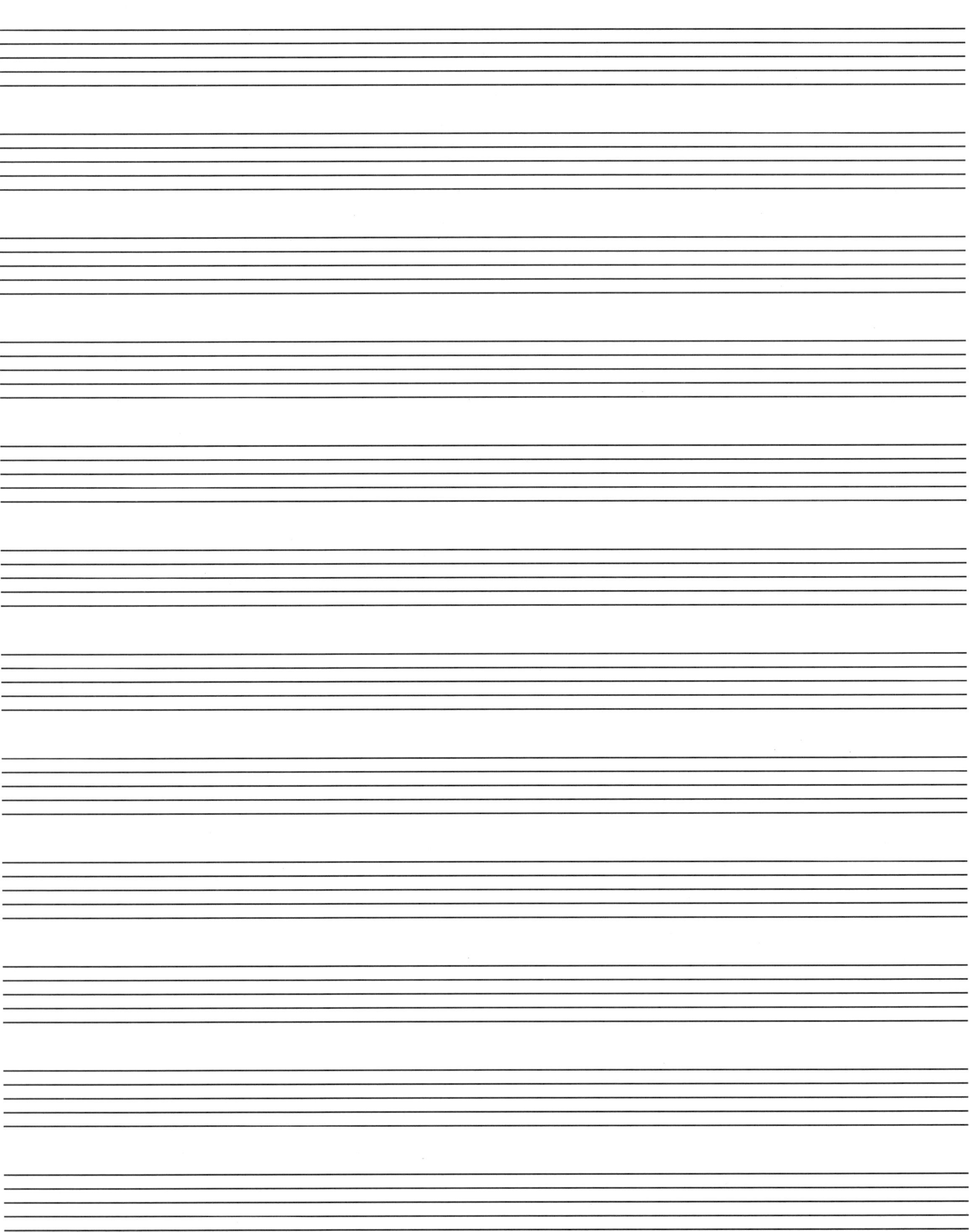

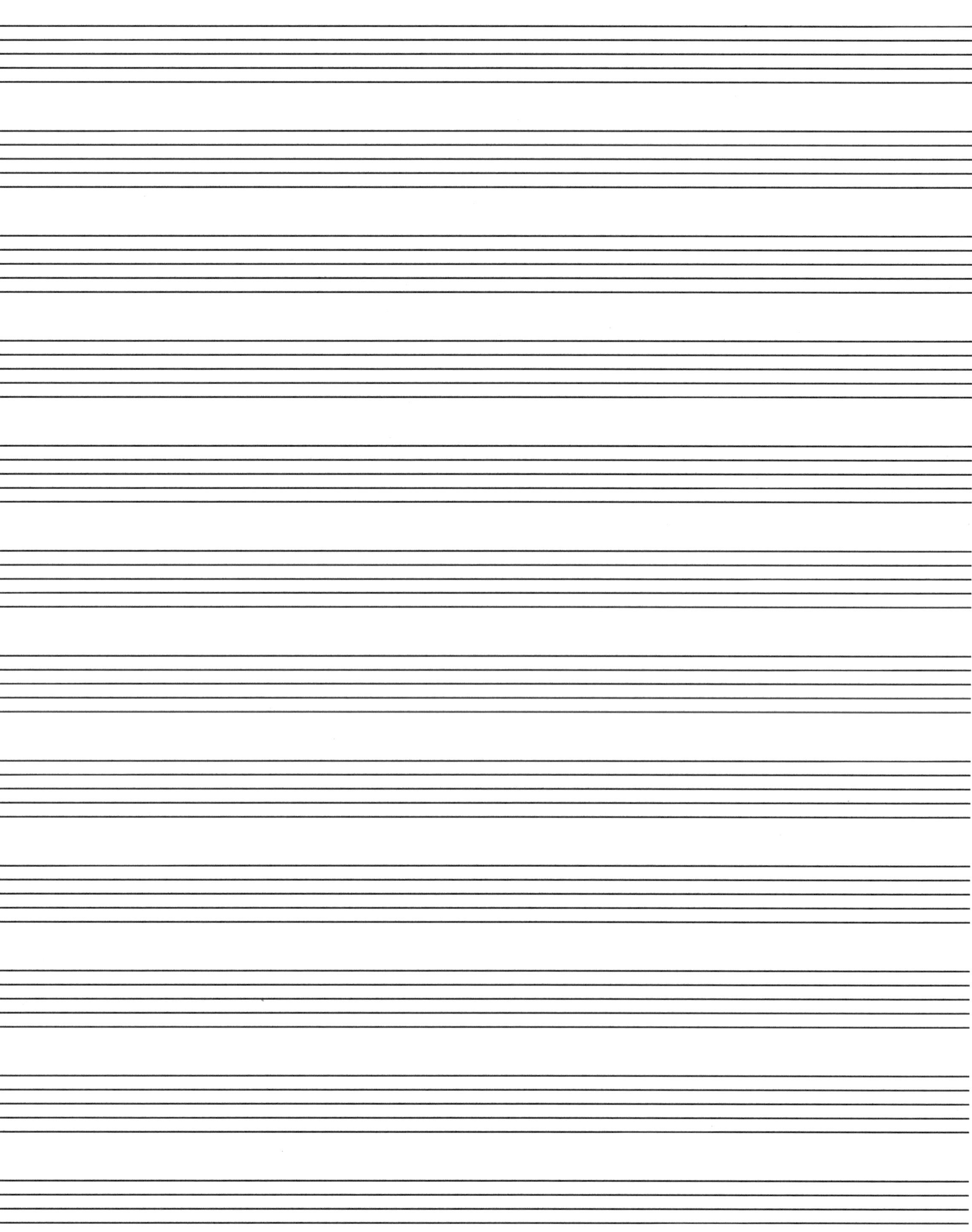

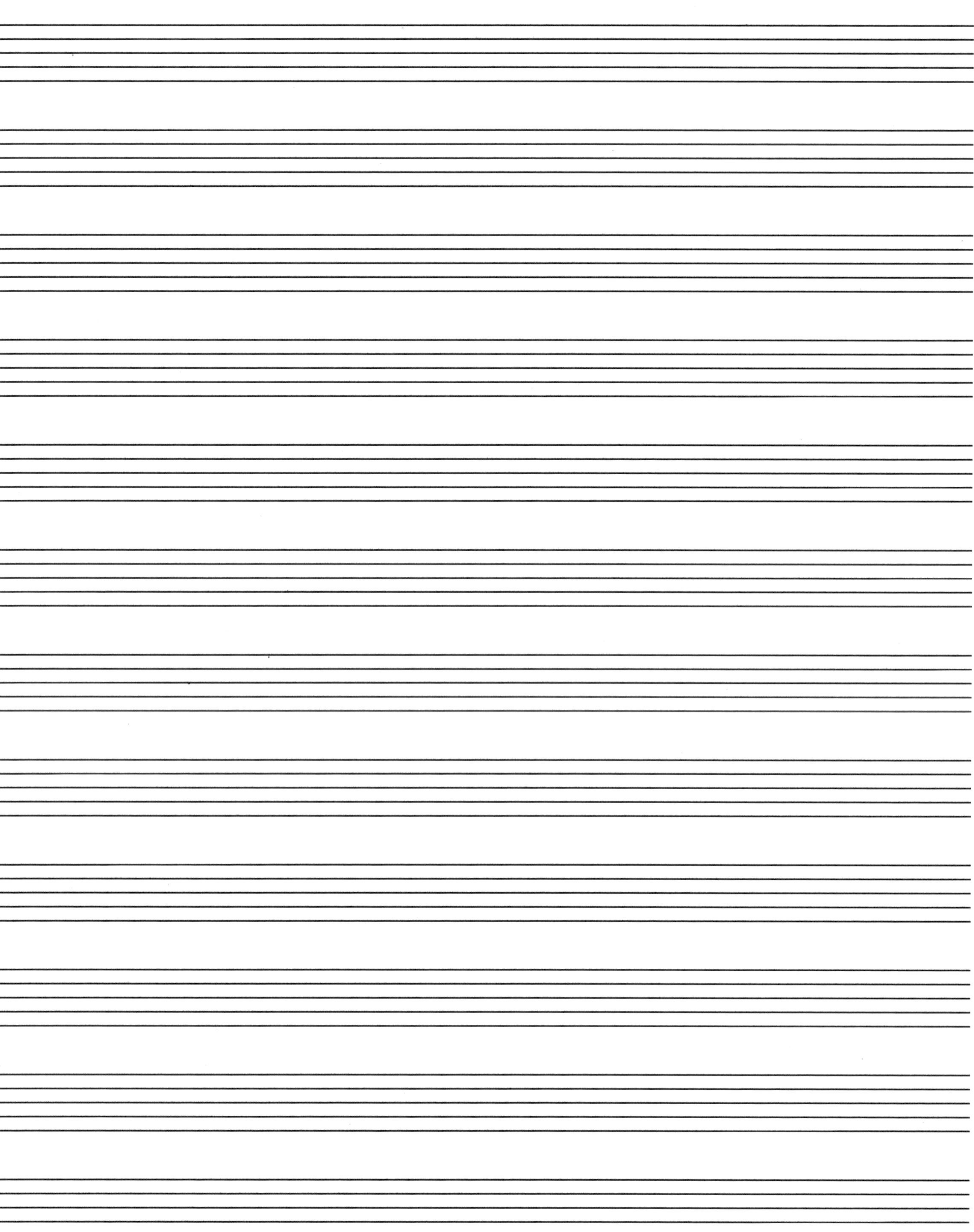

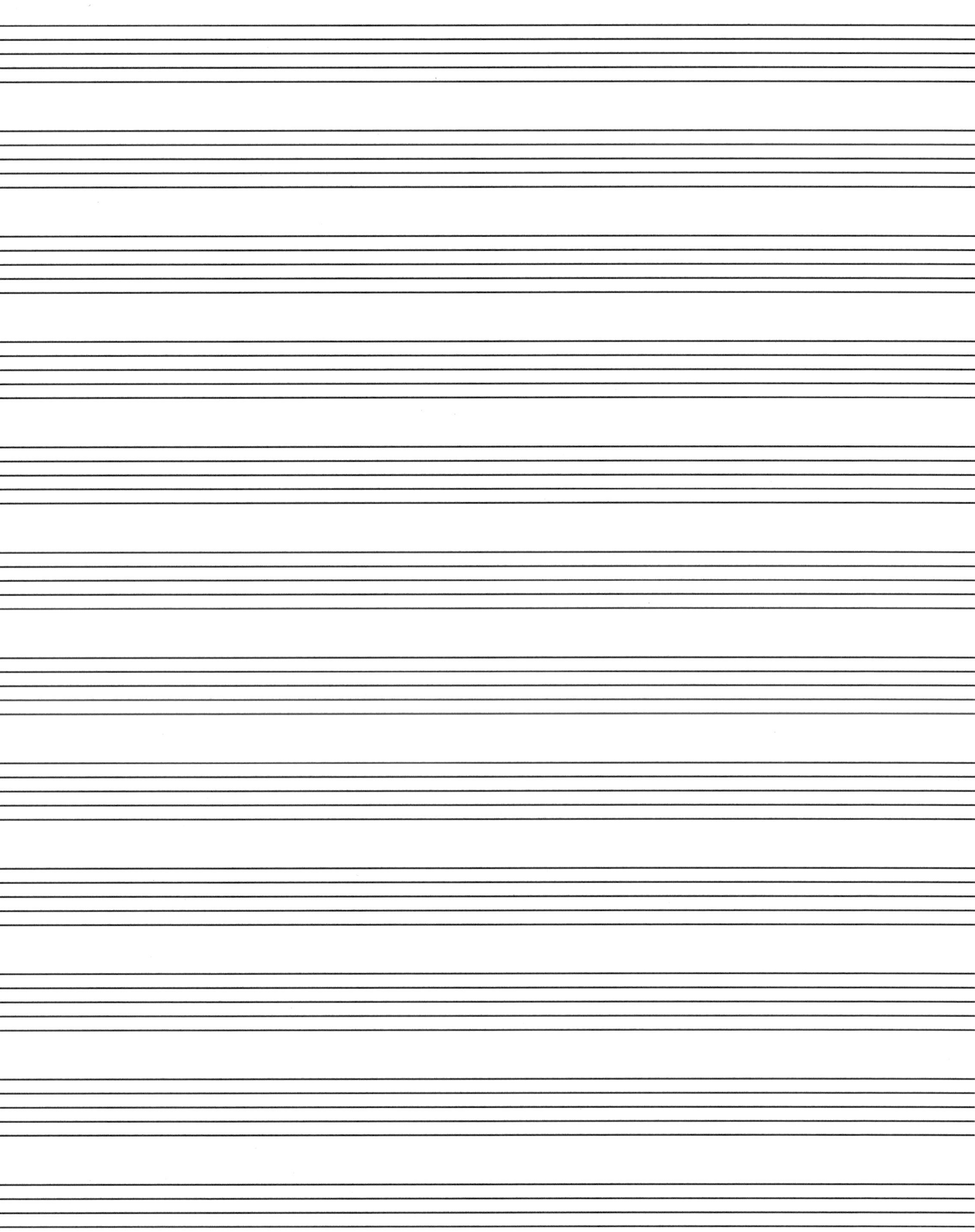